看韓國宮廷劇十倍樂趣！

朝鮮王朝的歷史解謎

康熙奉——著
游韻馨——譯

朝鮮王朝の
歴史はなぜこんなに
面白いのか

序

朝鮮王朝自一三九二年揭開序幕，終止於一九一〇年，存續期間長達五百十八年。如此長壽的王朝自然建立了完整的政治制度與風俗習慣，深深影響朝鮮半島後來的統治實權。

容我舉幾個例子說明。

我剛到韓國的時候，發現大城市裡幾乎沒有寺廟。當地有許多基督教教會，卻沒有佛教的寺廟。我不禁心想「釋迦牟尼佛生日是南韓的國定假日，為什麼看不到一間寺廟？」調查之後才發現，佛教在朝鮮王朝時代遭受迫害，寺廟全被逐出城市。後來僧侶們逃到山中另起爐灶，受此影響，現今韓國的大都市裡沒有任何寺廟。

第二個例子與飲食有關。

我在日本受邀到朋友家中吃晚飯，根據日本飲食禮儀，「必須將飯菜全部吃光才是為客之道」，於是我將飯菜全部吃光。

不過，在韓國吃晚餐絕對不能將飯菜吃光。要是全部吃光，主人會認為「客人還想再吃」，於是端出更多飯菜。盤裡留些飯菜代表「我已經吃飽」的意思。

在韓國作東時，主人通常會端出豐盛料理宴請賓客，甚至有句俗話說「飯菜多到壓得桌腳都彎了」。

因此，韓國人在日本接受日本人招待時，經常因菜色太少感到失望。韓國人會認為「你是不是看不起我，才用分量這麼少的菜請我？」。事實上，日本人並非以小分量料理請客，只是因為韓國人請客時出手過於豪邁，才會產生這樣的誤解。

學者認為韓國的飲食習慣來自朝鮮王朝時代嚴格遵守的祭祀制度。朝鮮王朝每年要舉辦好幾次祭祀，參加者都能吃到豐盛料理。當時唯有經濟富裕的兩班（貴族階級）家庭才能做到這一點，但這個習慣延續到現在一般的韓國家庭。

第三個例子是男女在教育上的差別待遇。

我舅舅是濟州島出身的韓國人中，第一個在日本擔任醫師的先驅。我的外公外婆為了讓他從日本的醫科大學畢業，特地賣掉農田籌措學費。可是，外公外婆卻說「女孩子不用上學」，因此不讓女兒（我的媽媽）上學，要她去當海女賺錢。

只要生下男孩，父母會拿出所有財產讓兒子接受教育；若是生了女兒，連小學也不讓她就讀……這一點就是受到儒教男尊女卑的觀念影響。朝鮮王朝奉儒教為國教，基於儒教制定各種生活規範，推行至國內的每個角落。我媽媽小時候朝鮮王朝早就滅亡，即使如此，當時的教育觀念還是朝鮮王朝那一套。

儘管上述三個例子都是小事，但足以了解朝鮮王朝的政治制度與風俗習慣「如何深刻影響後來的韓國」。

以朝鮮王朝為舞台的歷史劇是現在韓國最受歡迎的戲劇之一，使得朝鮮王朝在一般民眾心中的形象愈來愈好。

不過，一九七〇年的韓國輿論普遍認為朝鮮王朝的政治制度過於僵硬，原地踏步的態勢導致後世苦難，對於朝鮮王朝的社會規範與習慣呈現負面評價。當時整個韓國瀰漫著「必須改進朝鮮王朝的陋習才能發展經濟」的氛圍。

此後四十年，韓國經濟持續成長，成為充滿自信的國家。這個時候韓國人開始察覺自己失去的東西，以緬懷的心態看待過去。朝鮮王朝從此有了其他意義。簡單來說，韓國人發現「自己的生活方式大多數承襲自朝鮮王朝時代的傳統價值觀」。原本持否定觀念看待的朝鮮王朝，漸漸為韓國民眾接受。

韓國歷史劇是造成此變化的幕後推手，最可能的原因是劇情引人入勝。《大長今》、《黃真伊》、《李祘》、《公主的男人》、《擁抱太陽的月亮》等戲劇作品全都以朝鮮王朝時代為背景，描寫得十分生動。

在有趣的劇情中，朝鮮王朝的歷史再次受到矚目。朝鮮王朝曾經出現過哪些人物、交織出什麼樣的歷史？

我希望能夠透過本書，為各位介紹最核心的特色。

康　熙奉

看韓國宮廷劇十倍樂趣！
朝鮮王朝歷史解謎

序章

歷史的寶庫《朝鮮王朝實錄》

這幅肖像畫的主角是誰？他的名言是「小國不可忤逆大國」。

一、韓國歷史劇的主角發表自己的意見

究竟朝鮮王朝的歷史
為何如此有趣？
歷史上的眾人都有不同意見。

因為有許多
感動人心的
劇情。

李裪

因為劇情緊湊，
高潮迭起。

《公主的男人》中的 金承俞

因為每個人都
努力向上，
才能創造
有趣的歷史。
大長今
最大的原因
還是在於朝鮮王朝
出了許多
個性鮮明的王。
光海君

大家的意見都一語中的。

從君主看待朝鮮王朝的歷史，
可以發現許多人氣連續劇的主角。
例如……

❖ 同父異母的兄弟互相殘殺，歷經骨肉相殘悲劇的君主
➡ **第三代王・太宗**

❖ 創建朝鮮民族特有文字的聖君
➡ **第四代王・世宗**

❖ 逼迫侄子退位並奪取王位的貪婪之王
➡ **第七代王・世祖**

❖ 沉溺於酒池肉林，引起大屠殺事件的殘忍暴君
➡ **第十代王・燕山君**

❖ 相傳被繼母毒殺的悲劇之王
➡ **第十二代王・仁宗**

❖ 推動激進改革導致政變，被逐出王宮的王
➡ **第十五代王・光海君**

❖ 先是廢妃，後又復妃，使得王宮內部一團混亂的王
➡ **第十九代王・肅宗**

❖ 從事農業的白丁青年躍身為王
➡ **第二十五代王・哲宗**

各位覺得如何？朝鮮王朝的歷史可說是波瀾萬丈。

不只是王，王妃也不惶多讓。比方說……

❖ 忌妒心強，因詛咒側室犯下死罪的王妃

➡ **廢妃・尹氏**

❖ 成為王的第二任妻子後，企圖暗殺第一任王妃所生兒子

➡ **文定王后**

❖ 從王的妾室晉升王妃後，仍在後宮興風作浪的女子

➡ **張禧嬪**

❖ 協助年幼君主攝政，鎮壓政敵的恐怖王妃

➡ **貞純王后**

❖ 大權操控在娘家手中的貪心王后

➡ **純元王后**

有這樣的王妃坐鎮宮中，朝鮮王朝的歷史自然岌岌可危。

以王妃為首的外戚掌握大權，對抗官僚勢力；官僚本身也結黨營私，形成「朋黨政治」引發多次鬥爭，虛耗國力。

不只是王與王妃。朝鮮王朝的歷史中，也有如日本忠臣藏的精采故事，以及打動人心的孝順物語。總而言之，朝鮮王朝有許多充滿趣味的小故事。

更棒的是記錄這些歷史的書籍《朝鮮王朝實錄》傳承至今日。《朝鮮王朝實錄》幫助我們熟悉朝鮮王朝時代發生的事件。

各位一定很想知道《朝鮮王朝實錄》的內容吧？接下來，容我簡單說明。

二、《朝鮮王朝實錄》流傳至今的過程

《朝鮮王朝實錄》是詳實記錄朝鮮王朝歷代君王言行舉止與官方會議內容的文件，如今已是朝鮮王朝官方史書。

一般來說，君王駕崩時宮廷會組成編纂委員會，依時間順序記錄已故君主的治世時代，完成記載文件。編纂《朝鮮王朝實錄》最重要的參考文件是由君王身邊史官詳細記錄君王日常言行的《承政院日記》。閱讀《承政院日記》就能知道王的一切，連

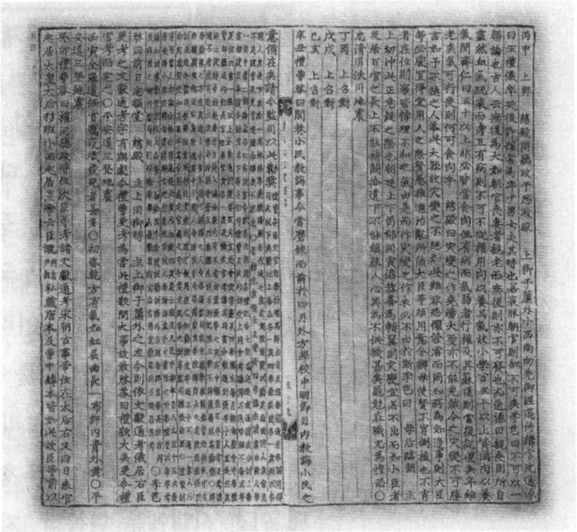

《朝鮮王朝實錄》的原文是漢文。現在的韓國人幾乎看不懂漢文，因此也出了韓字翻譯版。（照片引自韓國高中《國史》教科書）

君主無心的抱怨都不會錯過。簡單來說，《承政院日記》就是一本將君主赤裸裸攤在陽光下的日記。

《朝鮮王朝實錄》依時間順序統整《承政院日記》與官方文件，詳細記錄已故君主治世時代發生的大小事，內容涵蓋第一代君主太祖到第二十五代君主哲宗。

事實上，第二十六代君主高宗與第二十七代君主純宗的實錄，也在殖民時代由朝鮮總督府編纂，因此韓國不承認這兩任君主的實錄。總結來說，正式的《朝鮮王朝實錄》只到第二十五代君主哲宗為止。

《朝鮮王朝實錄》得以留存至今，可

說是近乎奇蹟的事情。由於期間有好幾次幾乎面臨被燒燬的險境，王朝高層感到危機，立刻命人抄寫四本實錄副本，分別存放在漢陽（現在的首爾）、忠州、全州與星州等四個地方。一九五二年，日本豐臣秀吉率軍攻打朝鮮，收藏在漢陽、忠州、星州的《朝鮮王朝實錄》全部燒燬，好不容易留存了全州的副本。

由於戰火持續蔓延，官員趕緊帶著僅存的實錄逃往深山，躲過燒燬的危機。

只留下一本副本也是值得慶賀的事情，要是連全州的實錄都被燒燬，後世就不知道朝鮮王朝前期兩百年的歷史。若是如此，韓國歷史劇就不會像現在這樣引人入勝。

許多韓國歷史劇都參考《朝鮮王朝實錄》撰寫劇本，其重要性由此可見一斑。

姑且不論這一點，後來官方以躲過戰火的《朝鮮王朝實錄》為範本重新編纂，製作出總計五本副本。

不僅如此，這一次官方將副本全部藏在深山和島上，也就是保存在戰火波及不到的偏僻地方。《朝鮮王朝實錄》就這樣代代相傳下來。

朝鮮半島成為日本殖民地後，日本人將其中一部《朝鮮王朝實錄》帶回日本，保存在東京帝國大學。可惜在一九二三年關東大地震時燒燬。

留存在朝鮮半島的《朝鮮王朝實錄》曾在一九五〇年開始的韓戰（朝鮮戰爭）中面臨全部燒燬的危機，後來想盡辦法保存下來，收藏在首爾大學中央圖書館，一直到今日。

《朝鮮王朝實錄》的原文是漢文，卷數高達一千八百九十四卷。不過，現代韓國人看不懂漢文，於是韓國政府從一九六七年，花了二十六年的時間將《朝鮮王朝實錄》翻譯成韓字版。假設每天讀一百頁《朝鮮王朝實錄》韓字版，要花四年半才看得完，由可見此數量相當龐大。

正因為數量過於龐大，才會造成「除了歷史學者之外，根本沒人從頭看到尾」的現況。

放眼全世界，《朝鮮王朝實錄》是很珍貴的歷史書籍，也是聯合國教科文組織登記在案的世界紀錄遺產。為了讓全世界的人都能閱讀，韓國政府決定將其翻譯成英文版。

話說回來，韓字版花了二十六年才完成，若要翻譯成英文版，不知何時才能完成，相信一定需要更長的時間。

接下來一起看看《朝鮮王朝實錄》的部分內容。

為了千秋萬代，各時代的《朝鮮王朝實錄》編纂委員會要秉持公平公正的態度製作，但實際上是否真的做到客觀公平，十分值得探討。組織編纂委員會時，通常要經過當時握有實權的派系同意，因此不少後世對於先王的評價也經過「人為加工」。

話說回來，有些實錄內容讓人懷疑「這真的是朝鮮王朝的正史嗎？」即使遇到爭奪政權的情形，也可看出明顯偏袒某一方。

只要是人為事件背後一定有隱情，《朝鮮王朝實錄》的記述也是如此。

不過，這個「隱情」顯露出人性的一面，這是其有趣的地方，也是人原有的模樣，各種情感碰撞交織。《朝鮮王朝實錄》隨處可見寫實的言行交鋒，數百年前發生的事情宛如連續劇場景令人欲罷不能。

誠如上述所說，《朝鮮王朝實錄》是一本十分精采的歷史書籍。儘管明白這一點，為了更了解朝鮮王朝，還要拿出其他資料一起參考。

接著就從令人印象深刻的名言，窺視朝鮮王朝的一隅。這次選出以下五句名言。

三、朝鮮王朝最為人熟知的名言

「小國不可忤逆大國。」

曾經擔任高麗王朝將軍的李成桂，奉君主之命討伐明朝。統治中國大陸的明朝與高麗為了領土主權紛爭不休。

李成桂主張「小國不可忤逆大國」，但他的主張不被君主接受，在不得已的情形下，李成桂率領遠征軍出兵。

無奈適逢梅雨季，大河水勢高漲，遠征軍無法渡河。在進退失據的困境中，他決定率軍反叛，回頭攻打高麗都城。

李成桂叛變成功，站上權力高峰，一三九二年建立朝鮮王朝，成為第一代君主太祖。

「只要做對的事，付出生命也在所不惜。」

第六代君主端宗十一歲即位，十四歲就被叔父逼迫退位，由於朝野之中許多有志之士希望端宗復位，第七代君主世祖為了阻止端宗復位，決定賜死他。

世祖派人將毒藥端到端宗面前，對方卻起了惻隱之心，趴在端宗面前，不忍遞出毒藥。

端宗放棄抵抗，取一條繩子繞在自己脖子上，命令照顧他的僕役從窗外拉繩子，將他吊死。

端宗十六歲的生命就這樣走到盡頭。由於害怕世祖懲處，端宗的遺體一直沒人處理，任由風吹雨淋。義士嚴興道看不下去，遵照禮制埋葬端宗遺體。

當時身邊的人擔心嚴興道成為世祖的眼中釘，會有生命危險，拚命阻止他替端宗收屍。但他不以為意，還說了一句至理名言：「只要做對的事，付出生命也在所不惜。」

回顧歷史最大的樂趣之一，就是看到嚴興道這類人物的出現。朝鮮王朝也有許多志士不惜犧牲自己，成就大義。

「我希望朝鮮與日本之間永保和平！」

在十五世紀的朝鮮王朝擔任許多重要職務的申叔舟，一四四三年曾以外交使節的身分前往日本。

他比任何人都清楚，朝鮮必須與日本維持友好關係。一四七五年，申叔舟臨終前，第九代君主成宗問他：「你有沒有什麼話想說？」躺在病榻上的申叔舟回答：「我希望朝鮮與日本之間永保和平！」說完便與世長辭。

成宗很重視申叔舟的遺言，決定再次派遣使節前往日本。遺憾的是，使節到達對馬海峽之後，就因為海象不佳無法渡海，直接返回都城。

申叔舟的遺言最終沒有實現。

「余心意已決！」

這是一六八九年一月十日，第十九代君主肅宗與眾大臣開會時說的話。這句話看似平凡無奇，其實象徵著王的絕對權威。

當天開會時，肅宗想跳過正室，直接立側室生的兒子為世子。因此遭受眾臣子強烈反對，才讓他說出那句話。

肅宗的正室是仁顯王后，她的身體不好，遲遲沒有懷孕。但肅宗與張禧嬪生下兒子，肅宗欣喜不已，直說「下一代君主就是他！」。

可是，重臣們強烈反對肅宗的決定。仁顯王后才二十一歲，未來很可能產下嫡子。基本上，王位是由正室生的兒子繼承，而非側室的兒子。

這是王室的原則。但肅宗想要顛覆這個原則，才會遭受重臣們強烈反對。

最後肅宗暴怒地說：「反對的人立刻辭官返鄉！」還說「余心意已決」，強迫重臣們接受指定側室庶子擔任世子的決定。

從此事即可得知，王擁有絕對的權威。

「我好像看到從地面升起的太陽，
我希望早日讓世人知道，他已經改過自新。」

第二十一代君主英祖的兒子莊獻頭腦清晰、聰明絕頂，英祖對他期待很高。可惜從十五歲後誤入歧途，做出許多王位繼承人不該做的言行舉止。

由於這個緣故，父子之間產生許多摩擦，大小爭執不斷。莊獻深自反省，二十二歲時寫了一篇悔過書給他的父親。

其中有一段是這麼說的：「今後我要惕勵自己，糾正錯誤，改變我的氣質。」出乎眾人意料，他很堅定地表達改過向善的心意。

英祖看完悔過書後喜不自勝，激動地說：「我好像看到從地面升起的太陽，我希望早日讓世人知道，他已經改過自新。」

若從此之後父子關係變好，那是好事一樁。可惜莊獻的自省不過是曇花一現。

後來發生了一場悲劇，這場悲劇的始末請參閱本書內容。

第一章 這才是真正的朝鮮王朝

面值五萬的韓圓紙幣印著朝鮮王朝時代的女性肖像，各位知道她是誰嗎？

一、歷經二十七位君主

從政治層面來看，朝鮮王朝最大的特徵是「由王統治的中央集權國家」。日本江戶時代的政治體制，採行的是由幕府統治各藩大名的封建幕藩體制。不過，朝鮮王朝卻是由王直接統治整個國家，屬於中央集權體制。

王位居中央集權體制最頂端，以現在的體制來說，就是身兼總統、首相、最高法院法官與警察署長等角色，掌握所有權力。

由於這個緣故，「什麼樣的王統治這個國家」便成為理解該時代最重要的事情。簡單來說，王的工作十分繁重。有人形容君主要做的事情高達一萬件，從起床到睡覺，只要醒著就要處理做不完的政務，隨時處於過勞狀態。

朝鮮王朝二十七位君主的平均壽命約四十六歲。他們接受當時最先進的醫療照顧，吃最頂級的食物，以此來看，他們不算長壽。由於缺乏運動又攝取過多營養的關係，朝鮮王朝的君主通常都有口內炎的問題。

或許粗茶淡飯才是長壽的關鍵。

歷代君主中在位最短的是第十二代君主仁宗，只有九個月。即位不滿一年就逝世，有人認為他很可能遭到毒殺。由於他的繼母想讓自己的兒子登上王位，於是毒殺了沒有血緣關係的仁宗。這類劇情經常出現在朝鮮王朝的歷史之中，二十七位君主中可能「遭到毒殺」的就有好幾位。由此可見，當時的王位爭奪戰十分激烈。

在位期間最長的是第二十一代君主英祖，執政約五十二年。英祖享年八十二歲，是歷代君主中最長壽的。雖然英祖的壽命跟現代日本人的平均壽命差不多，但以當時的朝鮮王朝來說，英祖十分長壽。說他一個人拉高了歷代君主的平均壽命，一點也不為過。

此外，二十七位君主統治朝鮮王朝五百十八年，平均每位君主的統治時期為十九年。

德川幕府從一六〇三到一八六八年，兩百六十五年間產生了十五位將軍，平均在位時間為十七年半。兩者情況相當，不過，朝鮮王朝的王在位時間稍微長一點。

接下來請跟著我一起認識朝鮮王朝的歷代君主吧！下一頁是歷代君主名單，不妨先熟悉朝鮮王朝有哪些君主。

朝鮮王朝的二十七位君主

代	姓名	讀音	生年與殁年	在位年分	即位年齡	在位期間
1	太祖	Taejo	1335～1408年	1392～1398年	57歲	6年2個月
2	定宗	Jeongjong	1357～1419年	1398～1400年	41歲	2年2個月
3	太宗	Taejong	1367～1422年	1400～1418年	33歲	17年10個月
4	世宗	Sejong	1397～1450年	1418～1450年	21歲	31年6個月
5	文宗	Munjong	1414～1452年	1450～1452年	36歲	2年3個月
6	端宗	Danjong	1441～1457年	1452～1455年	11歲	3年2個月
7	世祖	Sejo	1417～1468年	1455～1468年	38歲	13年3個月
8	睿宗	Yejong	1450～1469年	1468～1469年	18歲	1年2個月
9	成宗	Seongjong	1457～1494年	1469～1494年	12歲	25年1個月
10	燕山君	Yeonsan gun	1476～1506年	1494～1506年	18歲	11年9個月
11	中宗	Jungjong	1488～1544年	1506～1544年	18歲	38年2個月
12	仁宗	Injong	1515～1545年	1544～1545年	29歲	9個月

13	明宗	**Myeongjong**	1534～1567年	1545～1567年	11歲	21年11個月
14	宣祖	**Seonjo**	1552～1608年	1567～1608年	15歲	40年7個月
15	光海君	**Gwanghae gun**	1575～1641年	1608～1623年	33歲	15年1個月
16	仁祖	**Injo**	1595～1649年	1623～1649年	28歲	26年2個月
17	孝宗	**Hyojong**	1619～1659年	1649～1659年	30歲	10年
18	顯宗	**Hyeonjong**	1641～1674年	1659～1674年	18歲	15年3個月
19	肅宗	**Sukjong**	1661～1720年	1674～1720年	13歲	45年10個月
20	景宗	**Gyeongjong**	1688～1724年	1720～1724年	32歲	4年2個月
21	英祖	**Yeongjo**	1694～1776年	1724～1776年	30歲	51年7個月
22	正祖	**Jeongjo**	1752～1800年	1776～1800年	24歲	24年3個月
23	純祖	**Sunjo**	1790～1834年	1800～1834年	10歲	34年3個月
24	憲宗	**Heonjong**	1827～1849年	1834～1849年	7歲	14年7個月
25	哲宗	**Cheoljong**	1831～1863年	1849～1863年	18歲	14年6個月
26	高宗	**Gojong**	1852～1919年	1863～1907年	11歲	43年7個月
27	純宗	**Sunjong**	1874～1926年	1907～1910年	33歲	3年1個月

二、君主名號的由來

綜觀二十七位君主的名號，最後一個字都是「祖」、「宗」、「君」其中之一。

事實上，從第一代到第二十七代君主的名號都是死後追封的諡。亦稱為諱。本人在世時，沒人以現在的名號稱呼他們。諡號是待君主升遐後，依其在世時的作為封之，成為青史留存的君主名稱。

第四代君主世宗是創建韓字的明君，他在世時如果有人尊稱他「世宗」，他一定會覺得一頭霧水，不知道世宗究竟是何人。

世宗的本名為裪，是十分罕見的漢字。歷代君主都有一個很難唸的本名，這是為了避免王以外的人用了相同的字，所以才刻意選擇一般人很少見的艱深用字。

除了本名之外，王駕崩後會追封諡。

從前頁的君主名單來看，第一代君主的諡號為「太祖」。

朝鮮半島的歷史中有兩位太祖，一位是建立朝鮮王朝的李成桂，另一個則是開創高麗王朝的王建。「祖」是創立王朝的首位君主可用的名譽稱號，基本上其他君主不可使用。但在朝鮮王朝的歷代君主中，不少人的名號裡有「祖」這個字。

這是為什麼呢？

依照慣例，第二代君主以降的王應封為「宗」。但第七代君主世祖死後打破慣例，與第一代君主一樣封為「祖」。世祖是逼迫自己的侄子退位才登基為王，照理說不夠格使用「祖」這個字。但由他拔擢的高官大臣互相串連，逢迎拍馬，硬是使用「祖」字追諡。有此先例之後，後來也出現了幾位冠上「祖」字的君主。

「祖」原本是一個榮譽封號，後來演變成生前爆發各種問題、留下爛攤子的王才會使用「祖」字，反而出現逆轉現象。

舉例來說，第七代君主世祖從侄子手中奪取王位；第十四代君主宣祖在日本豐臣軍攻入都城時第一個逃難；第十六代君主仁祖在清朝皇帝面前下跪認錯，使朝鮮王朝備受屈辱。

此外，第二十一代君主英祖與第二十二代君主正祖也都使用「祖」字。這兩位君主是連續劇《李祘》的登場人物，也是韓國歷史劇最知名的國王之一。

不過，英祖把自己的兒子關進米櫃，讓他活活餓死。這段劇情也出現在連續劇《李祘》的開頭，真令人感到悲傷。英祖雖在政治上被譽為明君，但餓死自己的兒子使其名聲沾上汙點。

在歷代使用「祖」字的君主中，正祖算是名符其實的君王。有趣的是，名實相符的君王在朝鮮王朝的歷史上十分罕見。

正祖的兒子是第二十三代君主純祖，他是一個毫無實權的王。其在位期間，外戚掌握實權，因此死後以「祖」為諡號，令人覺得不可思議。

依照常理，第二代以後君主諡號不能用「祖」這個字。偏偏朝鮮王朝凡是以「祖」為諡號的君主都是問題人物，從歷史來看，可說是一大諷刺。

再來看其他君主的名號，二十七位君王中有兩人諡號為「君」，分別是第十代君主燕山君和第十五代君主光海君。這兩人都因政變下台，被驅除出宮。由於他們去世時已不是君王，因此沒有諡號。至今仍沿用他們王子時期的稱呼。

話說回來，看到「因政變下台，被驅除出宮」的描述，各位可能會以為他們都是暴君。燕山君確實是慘無人道、壞事做盡的暴君，但光海君的情況稍微有些不同。光海君是李炳憲主演的電影《雙面君王》的主角，其歷史評價因時代不同出現極大變化。

在現代韓國人的眼中，光海君的政治聲望可以媲美明君。

話說回來，光海君究竟做了什麼，使他落得被驅逐出宮的下場？

三、光海君究竟做了什麼？

光海君是第十四代君主宣祖的二兒子，出生於一五七五年。一五九二年，日本豐臣秀吉率軍攻打朝鮮王朝，光海君成功抗敵。另一方面，哥哥臨海君則被加藤清正俘虜，備受屈辱。雖是兄弟，但弟弟受到表揚，哥哥備受責難。

不僅如此，根據歷史記載，臨海君個性粗暴。因此，在王位繼承的問題上，光海君比臨海君有利。總結來說，外界認為光海君的力量較適合當王，於是宣祖冊立光海君為世子（下一代君主）。

此舉遭到支持臨海君的派系強烈反彈，加上宣祖的繼妃仁穆王后於一六〇〇年誕下永昌大君，使得繼承人之爭愈來愈白熱化。

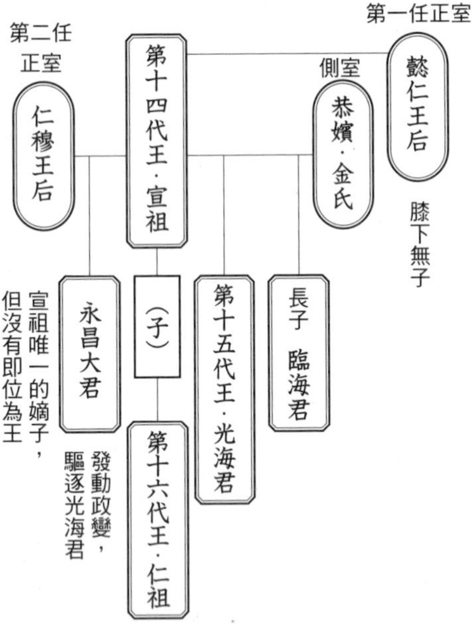

第十四代君主宣祖最早沒有嫡子（正室生的兒子），但側室恭嬪金氏生下長子臨海君和次子光海君。光海君成為世子。不過，宣祖的第二任正室仁穆王后後來生下永昌大君，這是宣祖期待已久的嫡子……

話說回來，臨海君和光海君都是宣祖側室所生，也就是所謂的庶子。另一方面，永昌大君是宣祖期待已久的嫡子，許多大臣都支持改立正室所生的嫡子。

在繼承人問題紛紛擾擾之際，宣祖在一六〇八年駕崩。逝世前，宣祖留下「由光海君即位」的遺言，但支持永昌大君的派系故意擱置宣祖的遺言。

此舉使王位之爭變得混沌不明，不過，永昌大君當時只有兩歲，無法清楚表達意願，立他為王確實不妥。最後仁穆王后也不得不接受現實。

光海君繼承宣祖之位，成為第十五代君主。雖然登上王位，但光海君的王位坐得並不安穩，兄弟之間展開激烈的權力鬥爭。儘管如此，畢竟光海君已成為君主，站在有利地位。很快的，光海君一派於一六〇九年肅清臨海君，永昌大君也在一六一四年遭到殺害。

事情還沒結束，光海君幽禁仁穆王后，拿掉她的大妃（君主之母）身分。激烈的「骨肉之爭」也埋下了光海君日後遭到挾怨報復的結果。無論如何，光海君具有高度的政治能力。之前與豐臣軍打仗時，不少國土遭到波及，百廢待興。光海君盡全力復興地方，重建王宮。強化國防，積極與異族來往，創造輝煌的外交成就。以政治家來看，光海君可說是一位明君。可惜他樹敵過多，對他懷恨在心的人決定發動政變。

一六二三年三月十三日清晨，一千多人組成的反叛軍突襲當時的王宮昌德宮，據說護衛君主的禁衛軍沒有抵抗。光海君雖然逃亡，但很快就被俘虜，處以流放罪。反叛軍敬重其前任君主的地位，因此並未處死光海君。

最後，光海君被流放到離都城最遠的濟州島。一六四一年逝世，享年六十六歲。從逐出王宮那一年算起，已過了十八年的歲月。儘管人生失意，但光海君算是相當長壽。第十代君主燕山君也被流放到外島，但只過了兩個月就撒手人寰。同為遭到流放的前任君主，兩者的壽命可謂天壤之別。

話題拉回到一六二三年，反叛軍將光海君流放出去時對外公布的理由如下：

◆殺害兄弟。

◆大興土木，造成百姓負擔。

◆欺騙中國大陸的明朝，與後金私下來往。

◆幽禁繼母仁穆王后。

讓我們一一驗證這些理由。

因爭奪王位繼承權而殺害親人的王，光海君並非朝鮮王朝第一人。第三代君主太宗與第七代君主世祖也在爭奪王位時，殺害了好幾位兄弟。即使如此，太宗與世祖並未因此遭問罪。

接著來看大興土木這一點。朝鮮半島因與豐臣軍交戰，許多地方形同廢墟，為了復興地方，大興土木是必要手段。當時就連君主也沒有像樣的王宮可住，光海君之所以急著重建王宮，也是為了維持君王權威不得不做的決定。

此外，反叛軍認為光海君增加百姓負擔，事實上，光海君改善納稅制度，讓沒有土地的百姓少繳稅金，絕非在百姓身上強加過度負擔。

此外，欺騙明朝的行為也值得商榷。光海君以其高超的外交手腕躲過國家危機，絕對不能說是背棄明朝。

當時中國大陸的強權從明朝轉移至後金（後來的清朝），當初在與豐臣秀吉打仗時，明朝曾經派軍協助，是朝鮮王朝的恩人。但可以想見的是，若過度倚賴明朝，將會成為後金的眼中釘。光海君選擇了最好的外交策略，無論明朝或後金何者成為霸權，朝鮮王朝都能生存下去。

光海君的策略奏效，在位期間朝鮮王朝一直處於和平狀態。光海君遭到流放後，新政權不敢得罪明朝，選擇反抗後金，結果反而自食其果，遭到後金侵略，最後臣服於後金。相較之下，光海君的外交手腕確實高明。

綜合上述內容即可得知，反叛軍高舉的大義名分多半都是「強詞奪理」。若真要挑剔光海君的作為，幽禁繼母仁穆王后確實有撻伐的空間。朝鮮王朝以儒教為國教，儒教素來以「孝」為最高德目，「兒子」處罰「媽媽」絕對是最重大的惡行。唯有這一點反叛軍還站得住腳。

光海君遭到流放後，第十六代君主仁祖即位。他為了強調自己的正統性，將光海君塑造成一個徹頭徹尾的壞蛋。底定了對於光海君的批判輿論後，朝鮮王朝從此將光海君視為暴君。不過，二十世紀後期，韓國對光海君的看法完全改變。隨著歷史研究愈來愈深入，愈來愈多學者認為光海君是個「卓越的外交策略家」。由於這個緣故，將光海君視為暴君的評論逐漸消停。二〇一二年，以光海君為主角的《雙面國王》在韓國創下票房佳績，進一步提升了光海君的形象。

沒想到電影竟然可以恢復君王的名譽……由此可見，現在已經是一個海納百川的時代。

四、創制韓字的世宗

朝鮮王朝的歷代君主中，第四代君主世宗被譽為「聖君世宗」。現在的韓國國小

首爾市內政府機構聚集的景福宮前，有一尊第四代君主世宗的雕像。

都有世宗雕像，一萬韓幣的紙鈔也印著世宗的肖像。

世宗受到韓國民眾高度景仰的原因在於，他在一四四三年創制了朝鮮民族特有的文字「韓字」（一四四六年公布）。

在此之前，朝鮮半島的文字只有漢字。事實上，日本也在平安時代從漢字創制平假名和片假名，同時配合日文發音使用。

由於朝鮮半島只有漢字，不僅難寫難懂，庶民也沒有機會學習，造成庶民很大的困擾。不僅如此，漢字也無法精確表達生活在朝鮮半島的人，平時說話的正確發音。總而言之，從各種層面來說，

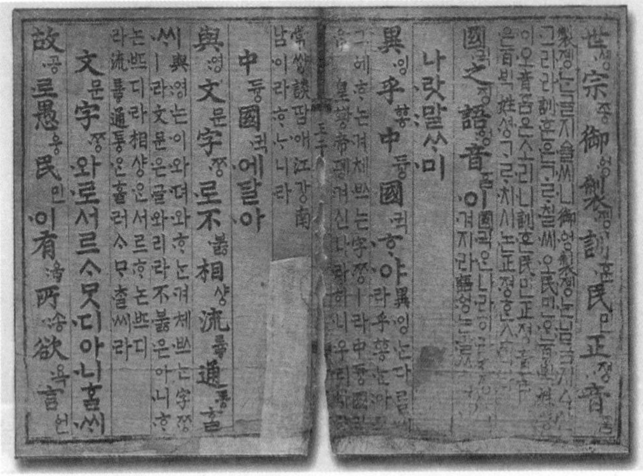

韓字在一四四六年公布，名為訓民正音。上方照片是當時公告的說明文件。（照片引自韓國高中《國史》教科書）

只有漢字對朝鮮半島的人們而言很不方便。

世宗對於這樣的現象感到憂慮，於是邀集知名學者創制韓字，取名「訓民正音」。亦即「教導民眾正確發音」的意思。

當初的訓民正音是依照發音時的嘴型與喉嚨形狀為記號，創制母音與子音等二十八個字母。基本上只有兩種組合，分別是「只有母音」與「子音和母音的組合」。但不同字母的排列組合，可以代表各種發音。比起漢字，韓字更容易記住，是有利於平民百姓的劃時代文字。遺憾的是，受到官員反對推動訓民正音的影響，韓字直到很久以後才真正普及。

事實上，漢字對特權階級來說是證實其身分地位的權威文字。他們想透過讀寫漢字的方式，強調自己與庶民之間的差異。反過來說，若訓民正音普及，特權階級的權利就會遭到剝奪。

為了自保，特權階級極力阻礙訓民正音普及於社會，使得訓民正音遲遲無法在朝鮮王朝成為主流文字。

最具代表性的範例就是訓民正音的稱呼。反對訓民正音普及的官員們將此文字稱為諺文，表現出輕蔑的態度。「諺」這個漢字的意思是「普及於民間的通俗語句」，同時帶有「粗糙」之意。

官員刻意將訓民正音稱為諺文，認為那是「適合女人與小孩學習的文字」。當時男尊女卑的觀念很重，由此可以看出官員們抱持著「女人無須識字」的自大心態。

受此現象影響，直到近代，訓民正音都沒受到領導階級的重視。

十九世紀末，朝鮮半島受到外國列強極大壓力，掀起重拾民族榮耀的風潮，朝鮮民族特有的文字受到重視。結果衍生出「韓字」的稱呼。「韓字」原文「한글」是「偉

大文字」之意。學者認為這個稱呼是由周時經（一八七六～一九一四年）命名的。周時經是朝鮮王朝末期的國語學者，一生奉獻在朝鮮民族特有文字的文法與科學研究上。

周時經的研究讓韓字成為一門具有完整系統的學問，逐漸普及於朝鮮半島。一九四五年脫離殖民統治之後，韓字便成為官方文件的使用文字。不過，當時漢字並未廢除。若拿出四十年前的韓國報紙，仍可看到大量漢字。由此可見，漢字根基十分穩固。

不過，現在的韓國報紙幾乎看不見任何漢字，最多只會在標題上看到以單一漢字表示國名的用法。例如「北」、「日」、「中」分別代表「北韓」、「日本」與「中國」。

說到國名，「美」也是常用漢字，各位知道這代表哪個國家嗎？

答案是「美國」。在韓國，「美國」指的是United States（日文漢字是「米国」）。或許對韓國人來說，美國是個特別的國家，才會以「美國」稱呼吧！

話題再拉回世宗時代，世宗能力很強，做了許多事情，被後世譽為聖君。無奈人無法左右壽命，他在一四五〇年賓天，此時只有五十三歲。往後的五十年是朝鮮王朝歷史中變動最劇烈的時期，許多連續劇都以此時期為背景。不只是早期的經典韓劇《王與妃》，其後的《公主的男人》也以變化激烈的後世宗時代為背景，引發收視熱潮。

上述作品都是參考《朝鮮王朝實錄》的內容，並為了增添戲劇性，加上許多虛構劇情改編而成。

最近的韓國歷史劇被稱為「紀實作品」（faction），意指結合「事實（fact）」與「虛構（fiction）」的作品。《公主的男人》是最具代表性的例子，巧妙結合真實存在的人物和虛構角色。《公主的男人》可說是最出色的紀實作品。

五、王妃在幕後掌握實權

韓國歷史劇經常出現世子這個詞彙，世子的是王的繼承人。以現代君主立憲制國家來說，就是皇太子。

朝鮮王朝屬於儒教社會，原則上世子必須是長子。但實際上長子最後即位為王的例子只有七人，數量相當少。由此可見，王子之間爭奪王位的問題十分嚴重。爭奪王

15.	光海君	廢妃・柳氏	1576 ~ 1623 年	1608 年	1 男
16.	仁祖	仁烈王后・韓氏	1594 ~ 1635 年	1623 年	4 男
		莊烈王后・趙氏	1624 ~ 1688 年	1638 年	無
17.	孝宗	仁宣王后・張氏	1618 ~ 1674 年	1649 年	1 男 6 女
18.	顯宗	明聖王后・金氏	1642 ~ 1683 年	1659 年	1 男 3 女
19.	肅宗	仁敬王后・金氏	1661 ~ 1680 年	1674 年	2 女
		仁顯王后・閔氏	1667 ~ 1701 年	1681 年	無
		禧嬪・張氏	1659 ~ 1701 年	1690 年	1 男 1 女
		仁元王后・金氏	1687 ~ 1757 年	1702 年	無
20.	景宗	端懿王后・沈氏	1686 ~ 1718 年	冊封王妃前逝世	無
		宣懿王后・魚氏	1705 ~ 1730 年	1720 年	無
21.	英祖	貞聖王后・徐氏	1692 ~ 1757 年	1724 年	無
		貞純王后・金氏	1745 ~ 1805 年	1759 年	無
22.	正祖	孝懿王后・金氏	1753 ~ 1821 年	1776 年	無
23.	純祖	純元王后・金氏	1789 ~ 1857 年	1802 年	1 男 4 女
24.	憲宗	孝顯王后・金氏	1828 ~ 1843 年	1837 年	無
		孝定王后・洪氏	1831 ~ 1903 年	1844 年	1 女
25.	哲宗	哲仁王后・金氏	1837 ~ 1878 年	1851 年	1 男
26.	高宗	明成皇后・閔氏	1851 ~ 1895 年	1866 年	1 男
27.	純宗	純明孝皇后・閔氏	1872 ~ 1904 年	冊封王妃前逝世	無
		純貞孝皇后・尹氏	1894 ~ 1966 年	1907 年	無

※ 有些子嗣數量為推估值。

朝鮮王朝的王與王妃

	王	王妃	生歿年	王妃冊封年	子嗣
1.	太祖	神懿王后・韓氏	1337～1391年	冊封王妃前逝世	6男2女
		神德王后・康氏	1356～1396年	1392年	2男1女
2.	定宗	定安王后・金氏	1355～1412年	1398年	無
3.	太宗	元敬王后・閔氏	1365～1420年	1400年	4男4女
4.	世宗	昭憲王后・沈氏	1395～1446年	1418年	8男2女
5.	文宗	顯德王后・權氏	1418～1441年	1450年	1男1女
6.	端宗	定順王后・宋氏	1440～1521年	1545年	無
7.	世祖	貞熹王后・尹氏	1418～1483年	1455年	2男1女
8.	睿宗	章順王后・韓氏	1445～1461年	冊封王妃前逝世	1男
		安順王后・韓氏	?～1498年	1468年	1男1女
9.	成宗	恭惠王后・韓氏	1456～1474年	1469年	無
		齊獻王后・尹氏	1445～1482年	1474年	1男
		貞顯王后・尹氏	1462～1530年	1480年	1男1女
10.	燕山君	廢妃・慎氏	1472～1537年	1494年	2男1女
11.	中宗	端敬王后・慎氏	1487～1557年	1506年	無
		章敬王后・尹氏	1491～1515年	1507年	1男1女
		文定王后・尹氏	1501～1565年	1517年	1男4女
12.	仁宗	仁聖王后・朴氏	1514～1577年	1544年	無
13.	明宗	仁順王后・沈氏	1532～1575年	1545年	1男
14.	宣祖	懿仁王后・朴氏	1555～1600年	1569年	無
		仁穆王后・金氏	1584～1632年	1602年	1男1女

位引發各種事件，但也正因如此，編劇才能根據朝鮮王朝的歷史改編出引人入勝的歷史劇。

此外，一旦成為世子，朝野就會要求世子成家生子，做好下一任接班計畫。因此，世子通常十、十一歲就結婚。世子的妻子稱為世子嬪，年紀大多比世子大一些。通常是為了早日誕下後代，才會娶年紀較大的正妻。

根據朝鮮王朝的法律，庶民十五歲以後才能結婚，只有王族可以早婚。

當丈夫登基為王，世子嬪會立刻被冊封為王妃。王妃是「國母」，在王朝中是不可忽視的存在。

雖說朝鮮王朝的王是絕對君主，擁有至高無上的統治權，但事實上，王妃在幕後的權力也不容小覷。這一點在現代韓國社會也是一樣的，許多高社經地位、在外呼風喚雨的男性，一回到家就對太太言聽計從。就像韓劇裡演的一樣，韓國女性十分強勢，這或許也是朝鮮王朝傳承下來的傳統。

姑且不論這一點，朝鮮王朝的王有二十七人，王妃超過四十人。當時為一夫一妻制，王妃若先逝世，王一定會再娶十幾歲的年輕女孩為妻。韓劇《李祘》的主角第二十一代君主英祖，和第一任妻子貞聖王后共度一段很長的夫妻生活，但王妃死後，已經年過花甲的英祖迎娶了十幾歲的第二任妻子，也就是貞純王后。

貞純王后是個充滿野心的女人，後來干預朝政，做出許多動搖朝鮮王朝歷史的惡行。事實上，只要王妃掌握實權，朝鮮王朝的政局就會動盪不安，引發大小紛爭。這些事件為韓國歷史劇增添不少戲劇性。王妃的存在攪亂了王宮幕後的一池春水，因此若只從王的立場看待朝鮮王朝，無法正確掌握王朝的真實樣貌。

瞭解這一點之後，一起來看看朝鮮王朝有多少王妃，各位請參閱第四六與四七頁表列的王與王妃名單。

六、朝鮮王朝的身分制度

朝鮮王朝時代實施嚴格的身分制度。此身分制度形成社會生活的基礎，每個人依身分在官職、稅賦、軍役、刑罰等層面上的待遇明顯不同，無論服裝、住居、婚姻都

【朝鮮王朝時代的身分制度】

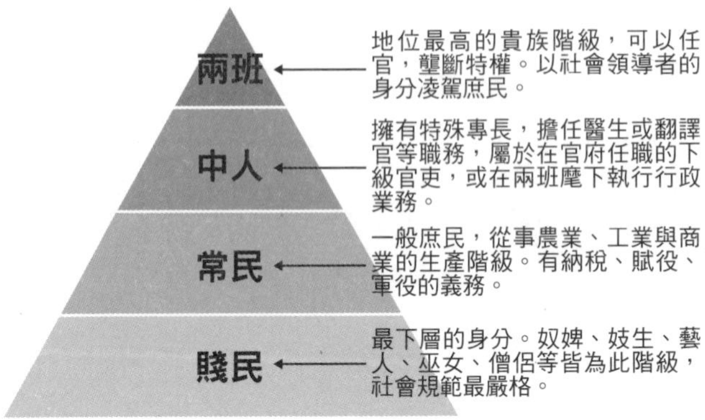
兩班
地位最高的貴族階級，可以任官，壟斷特權。以社會領導者的身分凌駕庶民。
中人
擁有特殊專長，擔任醫生或翻譯官等職務，屬於在官府任職的下級官吏，或在兩班麾下執行行政業務。
常民
一般庶民，從事農業、工業與商業的生產階級。有納稅、賦役、軍役的義務。
賤民
最下層的身分。奴婢、妓生、藝人、巫女、僧侶等皆為此階級，社會規範最嚴格。

受到各種限制。

話說回來，朝鮮王朝有哪些身分制度？除了王族之外，其他人可分成兩班、中人、常民、賤民等四個階級。

兩班相當於貴族階級，是最高等級的族群。他們擁有大量土地，還有奴婢使喚。此外，他們從小接受儒教教育，夠資格擔任官吏。事實上，他們壟斷所有官職與特權，以社會領導者的身分凌駕庶民。

由於官員們在宮中開會時排成東班與西班，因此稱為兩班。最初兩班指的是「官吏」，後來成為特殊地位的代名詞。

實際上，兩班大多屬於不在地主。也就是說，他們平時不住在自己擁有的農地上，而是將農地租給佃農或讓奴僕耕作，從農地獲得收入作為財源，維持自己的地位。不過，若不擔任官職，就無法維持家族特權，所以兩班子弟以考上科舉為自己最大的使命。兩班十分注重教育，學習壓力非一般人能想像，因此若是庸才出生在兩班家族，將會過得相當辛苦。

位居兩班之下的身分是中人。中人大多是擁有特殊專長且在官方機構任職的人。所謂特殊專長主要是醫術、翻譯、寫字（書寫文字的工作）、觀象（天文、地理、曆數、測候等工作）、籌（計算數字的工作）、繪圖（包括在官方活動祭典中將現場情景畫下來留存的工作）等。只要具備上述專長就能成為下級官吏，保證生活無虞。

此外，吏校也屬於中人階級。吏校指的是吏胥與軍校，這些人位於兩班和庶民之間，全國各地都是他們的勢力範圍。

簡單來說，吏胥是在兩班底下從事實務工作的人。負責擔任中央與地方的聯絡人，通常藉由壓迫庶民累績自己的財產。嚴格的身分制度一旦遭到濫用，就會出現魚肉百姓的惡劣官吏。

另一方面，廣義來說，軍校指的是下級武官，通常從沒考上武科（選拔武官的科舉考試）的考生中遴選出來。此舉的用意是救濟不善於考試的「良家子弟」。

以上就是中人階級的結構。中人以下便是庶民，通常也稱為「常人」或「良人」。一般最常用的稱呼是「百姓」。這裡的「百姓」指的是「民眾」的意思。

韓國歷史劇中的王或王妃經常以百姓稱呼常民，由此可見，百姓從朝鮮王朝時代以來，就是指稱庶民的日常用語。

一般來說，常民指的是從事農業、工業與商業的生產階級。數量最多的是農民，他們沒有土地，而是耕種兩班土地的小農。其經濟地位接近「農奴」。

此外，日本的德川幕府採用「士農工商」的身分制度，「農」之下為「工」、「工」之下為「商」；但朝鮮王朝的「農」「工」「商」屬於同一階級，都是常民。他們必須負擔納稅、賦役（各地區規定的義務勞動）、軍役等義務。

賤民是最下層的身分，包括奴婢、妓生、藝人、巫女等。此外，朝鮮王朝排斥佛教，僧侶也屬於賤民。朝鮮王朝之前的高麗王朝崇尚佛教，僧侶屬於特權階級，備受禮遇，但到了朝鮮王朝就遭受完全相反的待遇。僧侶在朝鮮王朝時代過得相當辛苦。

賤民階級中，人數最多的是奴婢。奴婢大致可分成屬於私人的私奴婢，與屬於官府的官奴婢。

無論哪一種，奴婢都是世襲制。奴婢的兒女直到死亡，一生都是奴婢。

韓國歷史劇經常強調身分制度的差異，描述最底層的人憑藉自己的努力和創意，一步步往上爬的成功故事。

被譽為「韓國歷史劇巨匠」的導演李丙勳，其執導的《大長今》、《同伊》皆描述身分低微的主角努力往上爬的過程，劇情引人入勝，但在朝鮮王朝的現實世界裡，沒有人能跨越身分的藩籬。

舉例來說，身為貴族階級的兩班不能與庶民結婚。儘管身分制度十分嚴格，但這種情形讓人更想挑戰禁忌，發生「不同身分的禁忌之戀」。連續劇《黃真伊》詳細描寫了身分差異的禁忌戀情，由此可見，「禁忌戀情」是最容易吸引觀眾注目的戲劇主題。雖然身分制度讓朝鮮時代的人們苦不堪言，卻成為現代最常見的戲劇題材。

朝鮮王朝時代一直維持嚴格的身分制度，直到末期一八九五年才獲得改善，後來廢止了身分制度。

七、純化的儒教思想四處點火

儒教雖起源於中國，但朝鮮王朝獨尊儒教的程度幾乎足以凌駕中國。由於朝鮮王朝長達五百十八年，使得韓國社會現在仍保有濃濃的儒教色彩。

朝鮮王朝之前是高麗王朝。高麗王朝是佛教國家，第一代君主王建在遺詔中強調「崇尚佛教」，但諷刺的是，佛教勢力過於強大導致僧侶干政，成為高麗王朝衰敗的原因之一。

創立朝鮮王朝的李成桂原本是高麗王朝的武將，信仰佛教。他認為「佛教不利於統治國家」，於是以儒教取代佛教，成為新的國教。這個轉變十分重大。將國教從佛教改為儒教，讓朝鮮王朝建構出一個與高麗王朝截然不同的社會。

話說回來，雖說是獨尊儒教，但朝鮮王朝採用的是儒教中的朱子學。朱子學以中國宋朝最知名的儒教學者朱子（朱熹）為教祖。以前的儒教比較像是生活信條規範，朱子統整了過去的儒教信條，建構學術體系，確立了條理分明的學說。此學說後來傳入朝鮮半島，成為治國的政治理論。

話說回來，朱子學的學說充滿哲學特質，理論又很複雜，王身邊的大臣紛紛以自己的方式解讀朱子學理論，形成激烈的對立態勢。最後引起「黨爭」。黨爭就是派系鬥爭，可說是朝鮮王朝最大的病灶。大臣之間的對立幾度危及王朝政治。從這一點來看，純化的儒教思想是激化黨爭的火苗。對於想要避免黨爭的人來說，儒教是很難撲滅的火種。

八、成為紙幣肖像的申師任堂

朝鮮王朝是儒教社會，受此影響，男尊女卑的觀念根深蒂固。

女性必須回歸家庭，沒有地方發揮才能……表面上男尊女卑對女性較為不利，事實上，朝鮮半島的女性並非弱勢族群。雖然外表看起來女性受到壓抑，但許多女性反而利用這一點將男性玩弄於股掌之間。

無論是韓國的歷史劇或時裝劇，不少以「惡女」為主題，看到那些有身分地位或掌握權力的男性，被堅忍不拔的女性耍得團團轉，令觀眾拍案叫絕、大呼過癮。有人認為，以「惡女」為主角的戲劇就是為了突顯男人「金玉其外、敗絮其內」的特質。

在儒教社會中，男性從小備受溺愛。或許是這個緣故，男性通常溫和善良，有時顯得懦弱。另一方面，大人認為「女兒遲早有一天會嫁出去」，因此在教育上較為自由。說「自由」是好聽一點，其實就是放任不管。受此影響，女性的個性較為堅強。現在到首爾的市場去，可以看到許多店家是由女性當家，也會看到女性在幕後坐鎮的情景，讓人不禁感佩韓國女性充滿活力。說得極端一點，儒教社會可說是「養出弱男與強女的社會」。

韓國在二〇〇九年發行大額紙鈔五萬韓元，紙鈔上印著申師任堂的肖像。她是活躍於十六世紀的女詩人，也被譽為「賢妻良母的典範」。

其實申師任堂的丈夫是個沒用的男人，她以嚴厲的言詞激勵丈夫，勸他到都城參加科舉考試。她的丈夫嘴裡說「我沒考上就不回來」，可是出去沒多久就跑回家中。

申師任堂一看到丈夫回來，各位知道她做出什麼反應嗎？

她立刻從裁縫箱拿出剪刀，抵在自己的喉嚨大喊：

沒人知道她是演的還是說真的，不過，她的丈夫嚇了一大跳，立刻慌慌張張地返回都城，直到考上科舉才回家。以上是賢妻的證明。

申師任堂的兒子名叫「李珥」，是儒教大學者，也是五千韓元的肖像人物。一般認為多虧申師任堂注重教育，才能養育出如此知名的大學者。以上是良母的佐證。

由於外界評價很高，申師任堂獲選為高額紙鈔的肖像人物，但從另一方面來看，朝鮮半島受到男尊女卑的觀念影響，大多數女性無處發揮自己的才能，因此有機會印在紙鈔上的女性相當少。持平而論，女性在朝鮮王朝的社會中，活得十分辛苦。

九、名留朝鮮王朝歷史的四個人

談論朝鮮王朝，一定要介紹下列四位最具代表性的人物。

第一位是趙光祖（一四八二～一五一九年）。他是一名思想家，受到氣量狹小的君主擺弄。

一五〇六年發生了一場政變，將暴君燕山君逐出宮外。這次政變後，由第十一代君主中宗即位。中宗即位後受制於協助他政變成功的功臣們，無法實踐自己的理想政治，於是轉而仰賴趙光祖。

趙光祖亟欲推動基於道學理論的思想家政治，頗受中宗信賴。由於趙光祖表現十分優秀，既有勢力忌憚他的政治力量，想要陷害他。

當時反對派使出的伎倆相當可笑，簡直是小孩子才會玩的把戲。首先，他們先在王宮庭院的葉片上，用蜂蜜塗上「走肖為王」的文字，再讓蟲子咬葉子，葉子上就會出現事先寫好的四個文字。最後由宮女將葉子送到中宗手上。

中宗看到這四個字十分驚訝，「走」與「肖」加起來是「趙」字，簡單來說，「走肖為王」是「趙光祖會成為君主」的意思。中宗發現此事後，感到極度不悅。反對派用如此簡單的小伎倆就讓中宗不信任趙光祖，拉趙光祖下台，最後還將他處死。不過，其高尚的人格與卓越的理念備受後世景仰，流芳萬代。

接著介紹的是李舜臣（一五四五～一五九八年）。

李舜臣是朝鮮半島史上最受尊敬的武人，素有「救國英雄」的美譽。一五九二年，日本豐臣秀吉率軍攻打朝鮮，朝鮮王朝節節敗退，唯有李舜臣統領的水師在海上奮戰，扭轉逆勢。

李舜臣擅長判讀潮流方向，將自己的水師轉移到最有利的位置。善用地緣關係的戰術獲得甜美的果實。

即使名將如李舜臣，仍逃脫不了受到同僚忌妒陷害的命運。反對派用計讓君主以為李舜臣與敵人勾結，李舜臣瞬間失勢。對李舜臣來說，真正的敵人不是豐臣軍，而是自己人。

即使如此，在朝鮮王朝陷入困境時，李舜臣再度重返前線，指揮軍隊。此時朝鮮王朝的軍隊因持續慘敗，軍力大不如前。不過，李舜臣憑藉一己之力，重振朝鮮軍的士氣。名將具備將「危機」化為「轉機」的潛能。

豐臣軍撤退時，李舜臣發動最後總攻擊，卻不幸遭到流彈射中，性命岌岌可危。即使如此，他叫來自己的兒子與外甥，告訴他們：

如果我死了，一定得隱瞞消息。要是士兵們知道了，士氣會大受打擊。

這是他最後的遺言。

二〇〇六年韓國播出的大河歷史劇劇名為「不滅的李舜臣」，李舜臣的名聲至今依舊不滅。

不過，我要藉此機會對連續劇「不滅的李舜臣」進呈諍言。劇中登場的豐臣秀吉說的不是日語，竟是韓語。

當時我一看就覺得莫名其妙，為什麼日本的太閤殿下會說韓語？

播出此劇的電視台ＫＢＳ是韓國廣播公司。我不懂為什麼要讓豐臣秀吉說韓語，尤其在這個時代做這樣的事，真讓人摸不清頭緒。即使是無名演員也好，怎麼說也應該找日本演員來演，如此才不會拉低戲劇品質。

言歸正傳，繼續介紹下一位人物。第三名人物是許浚（一五四六～一六一五年）。他是撰寫不朽的醫書《東醫寶鑑》的偉人。

朝鮮王朝實施嚴格的身分制度，庶子很難擔任官職。許浚是庶子出身，卻擔任御醫（治療王族的醫生）且深受第十四代君主宣祖的信任，其醫術之高超由此可見一斑。宣祖想出版一本符合朝鮮半島風土的醫書，命令許浚執筆，可惜他還沒寫完，宣祖就在一六〇八年薨逝。

當時只要王駕崩，御醫就要為此事負責下台。許浚也不例外，他被迫回到故鄉隱居。隱居之後反而更適合撰寫醫書，於是許浚完成了《東醫寶鑑》，拯救許多人的性命。誰都沒想到閉門自省的處分造就了萬世不朽的醫書。

最後要介紹的是宋時烈（一六〇七～一六八九年）。

「黨爭」是朝鮮王朝最大的弊病，宋時烈則是後世公認的「黨爭元凶」。

宋時烈活躍於十七世紀後期，當時正是朝鮮王朝黨爭最劇烈的時候。各黨派提出各自的儒教倫理見解，與敵對派系爭論不休。一六五九年，第十七代君主孝宗駕崩，當時主要派系對於服喪議題引發嚴重激辯，黨爭愈加白熱化。雙方爭執重點在於孝宗的繼母莊烈王后（孝宗之父第十六代君主仁祖的第二任正妻）應該穿喪服守喪一年還是三年？

雖說莊烈王后並非孝宗的親生母親，但孝宗是莊烈王后名義上的兒子。若孝宗是仁祖的長男，莊烈王后一定要守喪三年，偏偏孝宗是次子，使得問題更加複雜。因為過去從來沒有身為次子的君主崩逝，繼母服喪的前例，所以很難斷定應服喪一年或三年。

宋時烈以中國傳統的禮論為根據，主張應服喪一年，他的論述獲得最終的勝利。從此之後，宋時烈成為禮論大家，他在黨爭中曾經權傾一時，也曾失足落馬，最後於一六八九年被判處死刑。

他率領的老論派從十七世紀末成為朝鮮王朝的主流派系，已故的宋時烈也獲得極高評價。直到二十世紀以後，這個情形才大幅扭轉。有人認為「朝鮮王朝滅亡、朝鮮半島淪為殖民地，都是因為大臣們輕忽政治，一心從事黨爭的緣故」，而且這樣的聲浪愈來愈高漲，就此宋時烈被打成黨爭元凶。這個例子告訴我們，大人物的評價會隨著時代演變產生極大變化。

以上介紹了四名人物，他們的一生是談論朝鮮王朝時代最重要的參考資料。

十、朝鮮王朝的版圖

接著來看一下朝鮮王朝時代的版圖吧！第六四頁的地圖是朝鮮王朝統治的地區。基本的行政區劃稱為「道」，總計有八個。位於最南端的濟州島，在朝鮮王朝末期屬於全羅道。

如圖所示的八個道是在一四一三年，第三代君主太宗在世時確立的。八個道的時代持續超過四百八十年，到了朝鮮王朝末期，一八九六年增編至十三個道，增加了五個道。這是將咸鏡道、平安道、忠清道、慶尚道、全羅道分成南北兩道的結果。

朝鮮王朝八道圖

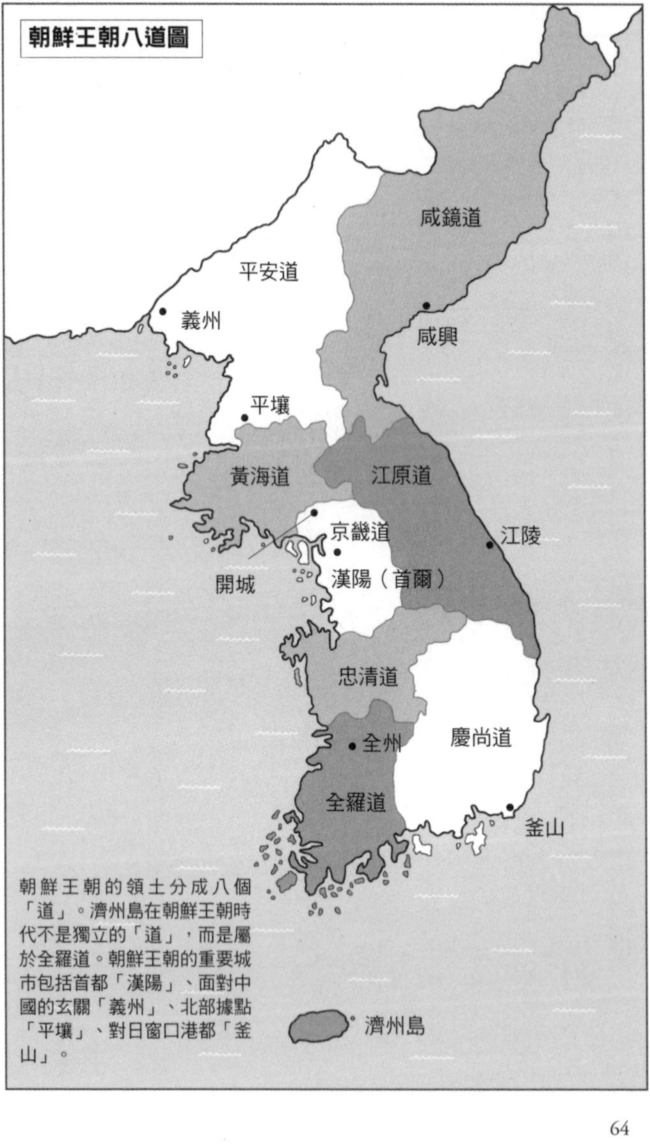

朝鮮王朝的領土分成八個「道」。濟州島在朝鮮王朝時代不是獨立的「道」，而是屬於全羅道。朝鮮王朝的重要城市包括首都「漢陽」、面對中國的玄關「義州」、北部據點「平壤」、對日窗口港都「釜山」。

此外，各道的行政長官稱為觀察使。由中央派遣一名觀察使，以地方長官的身分處理道的政治與行政業務。

如遇到重要的政治案件，觀察使必須聽從中央政府的命令，但在地方獨立的權責，包括警察、司法與徵稅上，觀察使擁有絕對的權力。當時有句話說「觀察使可以左右各道的生活」，由此可見觀察使的權限在各地方有多大。

接著來看各主要城市。

朝鮮王朝的都城是「漢陽」，也稱為「漢城」（顯示首都之意）。不用我多介紹，漢陽就是現在的「首爾」。由於漢陽幾乎位於朝鮮半島的正中央，因此最適合當作統治全國的據點。

接下來我將由北往南介紹幾個重要都市。

「義州」是朝鮮王朝面對中國的城市，貿易往來興盛。

「平壤」原本是高句麗的首都，朝鮮王朝時代仍是北邊的重要據點。

「開城」是朝鮮王朝前身高麗王朝的首都，歷史相當悠久。也是連續劇《黃真伊》經常出現的場景。

「全州」是朝鮮王朝建立者李成桂祖先的故鄉。與王朝淵源頗深，是相當重要的城市；釜山則是面對日本的窗口，也是重要的港口城市。談論朝鮮王朝與日本交流的歷史，絕對不能錯過釜山。

十一、都城有許多離宮

一三九二年建立朝鮮王朝的李成桂在滅掉高麗王朝之後，決定將首都遷離原本的開城。他希望藉由遷都的舉動，拋開高麗王朝的貽禍，提升新王朝的運氣。

在深諳風水的學者建議下，一三九四年李成桂選擇將都城遷至位於朝鮮半島中央的漢陽。此處自古就是重要地區，從充滿「氣」的風水角度來看，這裡也很適合當作首都。唯一的問題是該如何興建王宮。

佛教學者主張正門應該面向東邊。由於王宮預定地的南邊是產生火氣的山，為了避開這一點，面向東邊興建王宮，就能趨吉避凶。

另一方面，儒教學者主張「君主朝南執行政務能使王朝穩定」的說法，建議正門朝南興建。

雖然雙方意見都很有道理，但最終只能選擇一個。李成桂在經過深思熟慮後，決定採用儒教學者的意見。一三九五年，開始興建景福宮，其正門光化門確實朝南。

朝鮮王朝的首都漢陽四周圍繞著全長約十八點五公里的城郭。城郭到處都有門，最重要的四大門分別為東大門、南大門、西大門與北大門。

漢陽的人口在朝鮮王朝初期約十萬人，中期以後增加至二十萬人左右。現在的首爾人口約一千萬人，大小比朝鮮王朝時代增加四十倍左右。從第六八頁地圖來看，王宮有好幾個。建國初期的正宮是景福宮。歷代君王中建立強權的君主又興建了好幾個離宮，王宮也代表著王將自己的威權留給後世的意義。這些離宮包括昌德宮、昌慶宮、德壽宮與慶熙宮。

從結果來看，有這麼多離宮是一件好事。正宮燒燬時，可將離宮當作正宮使用。

此外，君主陵墓是由風水決定位置，散落在不同地方，但牌位會供奉在宗廟裡。如今供奉歷代君主與王妃牌位的宗廟已被登記為世界文化遺產。

漢陽（漢城）城內圖

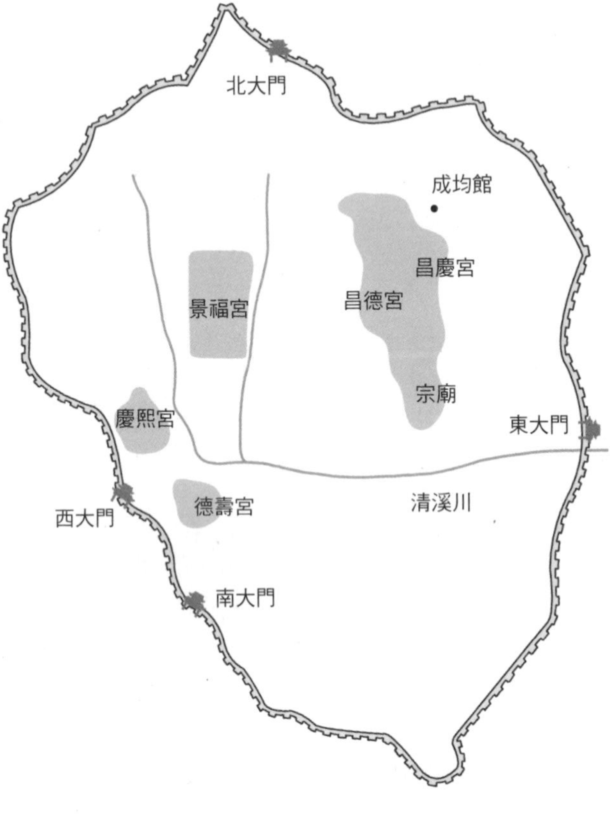

由於四周有城郭包圍的關係，首都漢陽又稱為漢城。重要出入口為東西南北等四大門。此外，王居住的正宮為景福宮，其他離宮包括昌德宮、昌慶宮、德壽宮、慶熙宮等。

◆昌德宮是第三代君主太宗興建的離宮。景福宮燒燬後，將其當成正宮使用。稱為祕苑的庭園最為知名。

◆景福宮是朝鮮王朝的正宮。從朝鮮王朝建立後的第三年，也就是一三九五年開始興建。曾經燒燬過，後於一八六五年重建。

◆德壽宮是第九代君主成宗興建的。他對於自己跳過哥哥成為君主感到虧欠，因此將這座私宅送給哥哥。後來改建成德壽宮。

◆昌慶宮是創制韓字的第四代君主世宗，為退位的父親太宗興建的離宮。後來成為昌慶宮。

◆宗廟供奉著歷代君主與王妃的牌位，隨著牌位愈來愈多而陸續增建，正殿全長約一百零一公尺。是全世界單一木造建築物最長的。

◆慶熙宮是第十六代君主仁祖到第二十五代君主哲宗等十位君王最常用的離宮。有時會當正宮使用，在歷史舞台記上一筆。

第二章

骨肉相殘！朝鮮王朝前期

一四五三年發生了一起動搖朝鮮王朝國本的重大事件，這兩位就是當事者。各位知道他們是誰嗎？

一、建立朝鮮王朝的李成桂

本章將依時間順序回顧從朝鮮王朝創建到中期，發生在歷代君主身上的知名事件。首先是第一代君主太祖，也就是李成桂。他曾是高麗王朝的武將，後來成為全王朝實力最強的人，流放高麗王，於一三九二年創立朝鮮王朝。

李成桂娶了兩任妻子。在故鄉的是神懿王后。神懿王后是從李成桂年輕時一直在背後默默支持的「糟糠妻」，與李成桂之間育有六名兒子。不幸的是，神懿王后在朝鮮王朝創立前一年逝世，因此神懿王后並未當過王妃。但為彰顯其對王朝的功勞，一般都將她視為「第一任王妃」。

李成桂年輕時還是高麗王朝時代，當時實行的是一夫多妻制，凡是出人頭地的男人都會在都城另娶一任妻子，稱為「京妻」。李成桂的京妻是神德王后。一般來說，京妻會比在故鄉的妻子年輕貌美。神德王后也不例外，她比神懿王后年輕十九歲，是公認的美人。神德王后與李成桂生下兩名兒子。

總計李成桂共有八位兒子。

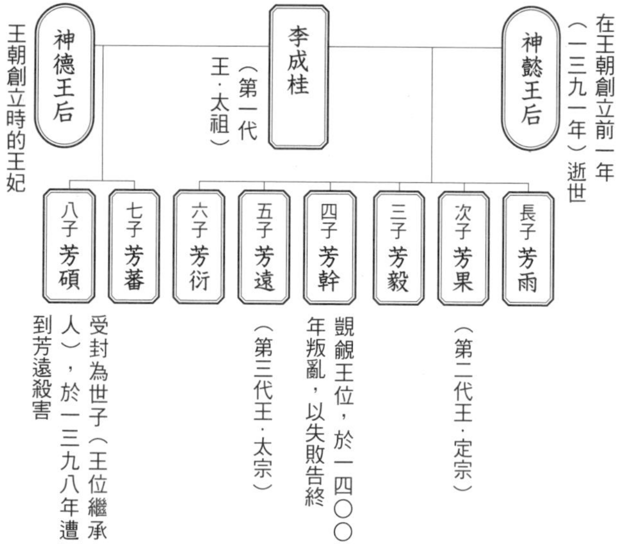

朝鮮王朝的創立者李成桂娶了兩任妻子。與第一任妻子神懿王后生下六個兒子，與第二任妻子神德王后生下兩名兒子。實力最強的是五子芳遠，但李成桂指定的繼承人是八子芳碩。這個決定埋下了引發悲劇事件的火種。

一三九二年，創立朝鮮王朝的李成桂很快面臨到需要冊立世子的情況。他建立王朝時已經五十七歲，在當時來說年紀相當大，因此必須儘早確立國本。

他與第一任妻子神懿王后生下的兒子皆已成年，加上對創建王朝有功，因此李成桂想在這六名兒子之間選一位當世子。

其中最受注目的是五子芳遠，他是幫助李成桂打敗敵對勢力，登基為王的得力助手。就連芳遠也自認是「下一位君主候選人」。

沒想到李成桂指定的竟是神德王后生的八子芳碩，當時芳碩才十歲。實力最堅強的候選人芳遠已經二十五歲，面對這樣的結果自然不肯善罷干休。王朝在建立初期最脆弱，說倒就倒，必須審慎選擇王位繼承人。

李成桂之所以做這個決定，是因為神德王后在背後操控。她苦苦哀求李成桂，讓李成桂捨不得拒絕。即使身為創建王朝的英雄，仍然難過美人關，做出了錯誤決定。無論如何，李成桂親自埋下了悲劇的火種。

二、王子相殘爭奪王位

朝鮮王朝創立初期，李成桂十分倚重儒教學者鄭道傳。他最擅長統合制度與組織，可說是朝鮮王朝創立初期的最大功臣。

鄭道傳也是負責協助八男芳碩處理政務的人，芳碩的母親神德王后懇求他說：「我的兒子就拜託您了。」如果神德王后擁有常人的壽命，芳碩一定會成為第二代君主。

遺憾的是，神德王后在一三九六年逝世，芳碩失去後盾，武鬥派的芳遠見機不可失，立刻出手。

一三九八年，芳遠發動政變，一口氣將神德王后生的兩名兒子全部踢出王位候選名單，但此事並非如此單純。其實最初採取行動的是鄭道傳，他向所有王子傳令，表示君主抱恙，傳所有王子進宮。鄭道傳原本打算利用這個方式將神懿王后的兒子一網打盡。

芳遠識破鄭道傳的詭計，決定將計就計，殺掉圖謀不軌的鄭道傳。以下是《朝鮮王朝實錄》的記載內容：

鄭道傳在同夥的情婦家密商，芳遠帶著自己的軍隊包圍情婦家。鄭道傳等人察覺此事，於是計畫逃亡。鄭道傳逃到附近民家，藏在壁櫥裡，沒想到該民宅的主人跑到芳遠跟前說：「有個微胖的男人闖進我家。」

於是，芳遠派兵包圍他家，揪出藏在壁櫥裡的鄭道傳。鄭道傳跪在芳遠面前，苦苦哀求地說：「請放過我一命，求求你。」《朝鮮王朝實錄》如實記錄下本該是英雄的鄭道傳為了保住自己的性命，竟拋開自尊，向對手下跪求饒的情景。最後芳遠殺了可悲的鄭道傳。

不過，如實根據《朝鮮王朝實錄》改編的韓國歷史劇《龍之淚》卻對這一段有不同描述。

話說正在召開祕密會議的鄭道傳被芳遠派兵包圍後，鄭道傳放棄抵抗，堂堂正正地走出來。面對芳遠提出的「只要你幫我，我就饒你一命」的建議，他以毅然決然的態度回答：「我願死得其所。」一絲毫沒有下跪求饒之意。鄭道傳從容面對自己的死亡，芳遠的手下從後方將他殺害。鄭道傳雖然沒保住性命，但他的死法十分令人尊敬。這就是「現在的韓國」對他的評價。

《龍之淚》中的鄭道傳並未卑躬屈膝，是一位做事光明磊落的大人物。反過來說，《朝鮮王朝實錄》的內容並不正確。畢竟這是由支持勝利者芳遠的官吏，在事後描寫的歷史。

至今史學家仍然不知鄭道傳究竟是怎麼死的，但記錄這件事的《朝鮮王朝實錄》是由仰承芳遠鼻息的官吏所編寫。儘管《朝鮮王朝實錄》是一本珍貴的史書，但我們仍須謹記這本書的編纂方式，公正地記錄歷史是一件很難做到的事情。

三、建立王朝基礎的太宗

芳遠殺害鄭道傳後，進入王宮拜見病榻上的李成桂，要他指定自己為王位繼承人。不過，從他處理這件事的做法可以看出他有多聰明。芳遠排名第五，他知道如果自己即位一定會掀起波瀾，於是他推舉二哥芳果為第二代君主，打算在背後操控君王。

不只是鄭道傳，芳遠後來還殺害了神德王后生下的兩名異母弟，尤其八子芳碩原是父親李成桂屬意的世子，李成桂得知此事後勃然大怒。然而，當時芳遠已經是王朝中權力最大的人，即使是第一代君主也不得不同意芳遠的做法。芳遠政變成功，一三九八年重病的李成桂退位，芳果即位，是為第二代君主定宗。

對芳遠而言，定宗是對自己言聽計從的好哥哥。不過，芳遠的兄長並非全都是爛好人，也有野心勃勃的人。那個人就是四哥芳幹。芳幹也想稱王，於一四〇〇年起兵叛變，劍指實力最強大的弟弟。可惜實力過於懸殊，完全不是芳遠的對手，很快就被平定了。芳遠手下留情，並未殺了那個從小一起長大的哥哥，只判他流放罪。

這件事讓芳遠開始擔心了起來，他不知其他兄弟的心思如何，無法確定他們會不會也起兵造反，於是逼迫魁儡定宗退位，自己登基，成為第三代君主太宗。

各位知道太宗稱王後做了什麼嗎？

第一件事就是大肆破壞神德王后陵墓，任其荒廢，以連坐制嚴厲處罰其家族。由此可見，他打從心底憎恨自己的繼母。

雖然朝鮮王朝從創建期就陷入劇烈的骨肉相殘之爭，卻還是延續了五百十八年。外界認為掌握極大權力的太宗完整建構了國家基礎，才使朝鮮王朝成為傲視天下的長壽王朝。

以「朝鮮王朝是由李成桂建立、李芳遠奠基」來形容，一點也不為過。

四、金宗瑞與首陽大君的對決

第三代君主太宗的三子就是創制韓字的第四代君主世宗。世宗學識淵博、通古博今，或許是這個緣故，才讓他得以跳過兩個哥哥，順利即位。事實也沒讓大家失望，世宗即位後天下太平，百姓安居樂業，使他成為名留青史的明君。

當王朝出了一位如此出色的君主，無論是誰繼位都會做得相當辛苦。一四五〇年世宗駕崩，長子文宗成為第五代君主。文宗也是博學多聞之人，學識之豐富可媲美學者，可惜身體孱弱，僅在位兩年三個月便薨逝。

由於文宗過世得太早，長子端宗就任第六代君主時只有十一歲。通常幼主登基，王族裡輩分最大的女性就會垂簾聽政。也就是在幼主後方垂掛一塊布簾，由其母親或祖母坐在後方下達指令，遂行政務。

然而，端宗的母親生下端宗後就去世，因此端宗身邊並沒有可以攝政的女性長輩。由於這個緣故，端宗可以仰賴的只有金宗瑞這位老臣。金宗瑞是世宗時代的大英雄，他成功阻止了北方異族的侵略，世人都稱他「大虎」。他個性勇猛無懼，「大虎」這個稱呼可說是名符其實。

儘管端宗得到大虎金宗瑞的幫助，他的王位仍搖搖欲墜。最大的威脅來自世宗次子，也就是端宗的叔父首陽大君。

一般來說，繼承王位的都是長子，次子根本沒有置喙餘地。但首陽大君自信滿滿，

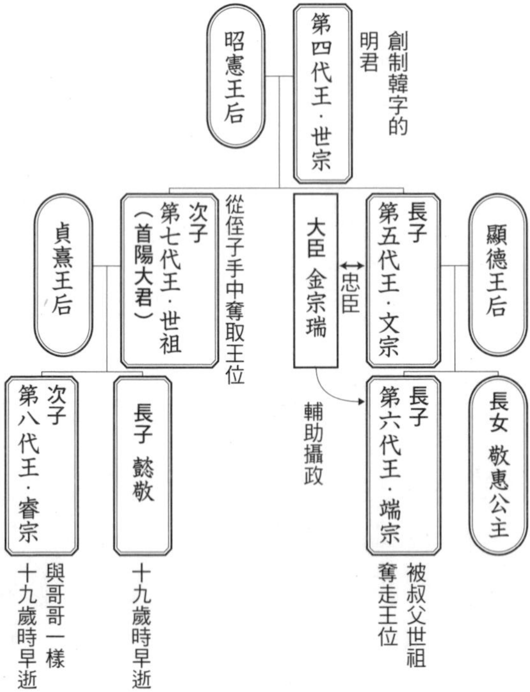

首陽大君是第四代君主世宗的次子，哥哥第五代君主文宗駕崩後，展現出覬覦王位的野心，開始對侄子第六代君主端宗施加壓力。最後突襲端宗的後盾金宗瑞，發動政變，達成自己的野心。

認為「只有我才有資格稱王」，於是打算從侄子手中奪取王位。

事實上，文宗也看出了首陽大君的野心。他知道如果自己死了，他的弟弟一定會奪取王位，因此在他死之前，將自己的兒子託孤給金宗瑞，要求金宗瑞保護自己的兒子。

文宗死後，為了保住端宗的王位，金宗瑞與首陽大君展開激烈對決。創下高收視率的韓國歷史劇《公主的男人》就是以此時代背景為舞台。該劇中，金宗瑞的兒子金承俞與首陽大君的女兒李世姈墜入愛河，可說是朝鮮王朝版的《羅密歐與茱麗葉》。以早期最知名的經典韓劇《冬季戀歌》來比喻，就是朝鮮王朝版的「江俊祥與鄭友珍」。不過，金承俞和李世姈皆為虛構人物，歷史上並不存在。

《朝鮮王朝實錄》詳細記載了君主的言行舉止，屬於官方史書，因此書中所寫的內容都是既成事實。然而，受到權力鬥爭的影響，書中記述很可能刻意扭曲，我們無法得知哪些內容的可信度有多高。

另一方面，收錄坊間流傳奇聞軼事的市井史書稱為「野史」，編纂於十九世紀前半的《錦溪筆談》是最具代表性的作品。這本書收錄了金宗瑞的孫子和首陽大君的女兒一起私奔到鄉下結婚生活的軼事，雖然很難想像這是真的，但《公主的男人》就是以這段故事為靈感創作出來的。刻意加入虛構人物，在史實中摻雜想像，融合成一齣有趣的連續劇。

五、金宗瑞突襲事件始末

一四五三年十月十日，發生了一起動搖朝鮮王朝國本的重大事件。首陽大君突然在這一天造訪金宗瑞的家。

當時究竟發生了什麼事？

請參閱接下來的插圖。

◆首陽大君是握有實權的王族成員，突然造訪自己家，金宗瑞不好拒絕。金宗瑞親自到門口迎接，邀請首陽大君進入屋內。不過，首陽大君一直站在門外，他擔心自己進入屋裡就會被殺害。

◆首陽大君發現自己的紗帽掉了一個帽翅。紗帽指的是上流階級男性經常配戴的正式帽冠，帽子後面有兩片往旁邊伸展的帽翅。不知什麼原因，首陽大君的紗帽少了一個帽翅，因此首陽大君拜託金宗瑞借他一個。

◆金宗瑞要長子去拿一個帽翅過來，在此之前，長子一直跟在金宗瑞的身邊。長子進屋之後，留金宗瑞與首陽大君單獨相處。

◆首陽大君見機不可失，立刻拿出一封信件給金宗瑞。他對金宗瑞說：「裡面寫著重要的事情。」

◆金宗瑞打開信件看，但天色已晚，根本看不清裡面寫了什麼。

◆於是金宗瑞拿起信件，對著月亮，想藉由月光看清內容。此時金宗瑞毫無防備，首陽大君對他身邊的一名隨從使眼色。

◆那名隨從拿出藏在懷裡的鐵鎚，往金宗瑞頭上敲過去。

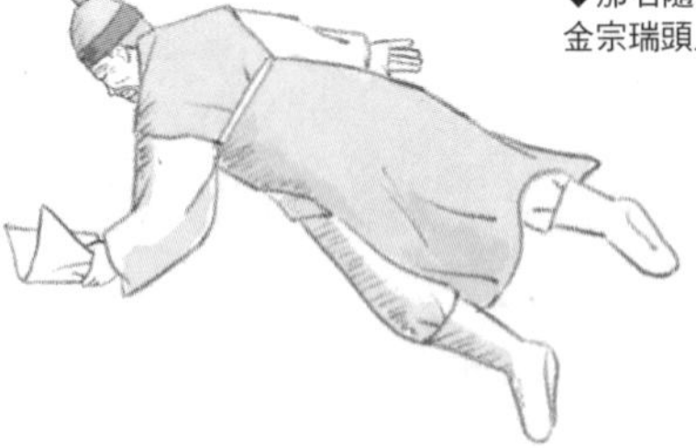

◆金宗瑞被鐵鎚擊倒，當場倒臥在地。

◆金宗瑞的長子發現不對勁，趕緊跑過來想救父親。

◆另一名隨從拿出預藏的刀子，砍死了金宗瑞的長子。

◆首陽大君的突襲就這麼成功了。

以上是《朝鮮王朝實錄》記載的內容。

韓國歷史劇最大的特色就是出人意料。儘管覺得史實內容「太不像話」，但還是把它寫進劇本裡，接著一起來看看《公主的男人》如何描述這起突擊事件吧！

首陽大君造訪了金宗瑞的家，他被帶到金宗瑞的房間裡。兩人對坐，首陽大君說：「我發現你家的兒子和我家的世姈正在交往……」金宗瑞不知道自己的兒子談戀愛，聽到首陽大君這麼說深感驚訝，對著屋外大喊：「把承俞給我叫過來！」

接著，首陽大君對著在房間外等候的隨從說：「把信拿過來。」隨從走進屋裡。金宗瑞拿過信件，專心看了起來。該名隨從見機不可失，拿出預藏的鐵鎚對金宗瑞用力敲擊。

金宗瑞的長子慌慌張張地跑進屋內，叫了一聲「父親大人」，隨從又拿鐵鎚打他，兩人一起被丟出屋外。

這就是《公主的男人》中改編過的突擊事件。

根據《朝鮮王朝實錄》的內容，金宗瑞是在大門前被攻擊，但《公主的男人》則是在自己的房間裡遭受襲擊。兩者只有細節上的差異，攻擊方式幾乎相同，《公主的男人》更具有視覺效果。為了讓劇情引人入勝，編劇在劇情安排上極具巧思。

六、首陽大君召開的祕密會議

當時的金宗瑞相當於日本的總理大臣，也就是一般內閣制國家的首相，擁有至高無上的權力。即使是王公貴族，首陽大君也不能任意出手攻擊，這一切還是要怪金宗瑞過於輕忽。儘管金宗瑞綽號「大虎」，個性勇猛無懼，但他已年過六旬，在當時算是很老的老人。

首陽大君突襲金宗瑞後，立刻跑到端宗跟前說：「我發現金宗瑞打算謀反，所以將他殺了。我想揪出其他一起謀反的共犯，請主君頒發詔令，將謀逆者一網打盡。」

氣勢較弱的端宗失去了強力後盾，只能聽從首陽大君的意見。或許端宗已經意識到自己將有生命危險，再這樣下去自己一定難逃被殺的命運，據說他曾苦苦哀求首陽大君放他一馬。

最後端宗屈服於首陽大君的威脅之下，頒發詔令召集所有官員。首陽大君要他們一個接一個地穿過只能容納一人的窄門。

首陽大君只要看到進來的是自己人，就放他們通行；如果是反對派，立刻當場撲殺。首陽大君發起的政變就在一夜之間大功告成。

除掉所有政敵後，首陽大君獨占政權要職，步步進逼端宗，使他毫無喘息機會。受不了壓迫的端宗於一四五五年將王位讓給首陽大君，形式上端宗是太上王，但他毫無任何權力。首陽大君終於得償所願，即位為王，是為第七代君主世祖。

登上王位後，世祖第一件做的事就是將政權要職分配給幫助自己登上大位的有功人士。那些原本在背地裡串聯的同夥一一飛黃騰達，為所欲為。這些人在十三年後世祖駕崩後，負責撰寫《朝鮮王朝實錄》中與世祖有關的內容，他們不可能寫下對世祖不利的事情。

於是，《朝鮮王朝實錄》中關於世祖的描述全都是一片讚嘆，對於金宗瑞則是極盡批評之能事。光讀這一篇就能看出《朝鮮王朝實錄》的編纂有多大問題。

最具代表性的就是對於引發政變的一四五三年十月十日這一天的記述。這一天，首陽大君一大早就在自己家裡召開祕密會議，決定發動政變。《朝鮮王朝實錄》詳實記錄下與會者的發言內容。

這個時候，首陽大君只是個王族成員，他並非位居政權中樞的高官。這麼一位人物說的話竟然能如此鉅細靡遺地被記錄在王朝的正史史書裡，從中不難發現，這些內容全都出自以首陽大君為首的派系之手。

話說回來，在這場祕密會議中，並非所有出席者都萬眾一心。有人勸首陽大君不要發動政變，也有人不想惹事，藉故自己家裡還有法事而退出。據說還有人偷偷從後門跑走。

有鑑於現場氣氛不佳，首陽大君也曾想過既然大家反對，那就算了。此時他的策士韓明澮說話了。

他說：「在馬路邊蓋房子，三年過後房子還沒蓋好。」

他顯然是想牽制出席會議的成員。

這句話的意思是說：「在馬路邊蓋房子，聽見過往行人說『這樣蓋才能蓋出好房子』、『不對，那樣蓋才對』，東聽西聽的結果只會自亂陣腳，根本無法蓋房子。」

總而言之，就是「不能聽憑別人說的話，必須自己做決定」。

其他黨羽也說：「指揮軍隊最不利的就是優柔寡斷。」最後，首陽大君決定發動政變。

曾一度打退堂鼓，後來決定放手去做，首陽大君抱著破釜沉舟的決心發動政變。他一腳踢開反對發動政變者，氣勢洶洶地說：「我不靠你們，想逃的傢伙儘管逃，我自己去！」最後只帶著兩名隨從，前往金宗瑞的家。之後發生的事情就如前方所說。

容我再次強調，政變時首陽大君不過是一名王族成員。他在自己家裡召開祕密會議的情景竟能鉅細靡遺地記錄在《朝鮮王朝實錄》中，可以看出《朝鮮王朝實錄》完全按照首陽大君（後來的世祖）的意思所寫。

七、朝鮮王朝的忠臣藏「死六臣」

儘管天下已經掌握在世祖手中，但這個世界上不全然都是阿諛諂媚之人。

許多志士憤慨「叔父奪取侄子王位的怪事」，不齒世祖的作為。這些忠臣全都聚集在世宗創制韓字時貢獻頗深的功臣成三問身邊，他們都是優秀的高官與學者，發起復位運動，要讓端宗重新坐回被奪走的王位。

說個題外話，據說成三問的名字由來是他出生時上天問了三次「出生了嗎？」才因此取名。

成三問與其同志計劃在中國（明朝）使節來訪時發動政變，世祖及其黨羽都會出席歡迎使節的晚宴，他們想趁此機會殺掉叛徒。

不料他們的計畫被韓明澮識破，加上參與政變的成員中有人陣前倒戈，此次政變最後以失敗告終。

世祖逮捕了包括成三問在內的六名大臣，嚴厲拷問。他們都是優秀之人，世祖不忍殺害，於是提議「只要認我為王，罪行一筆勾銷，而且加以重用」，這個場景在許多連續劇都出現過。

當時拷問的方式是用火烤熱鐵棒，再將炙熱的鐵棒放在犯人的兩腿之間。若成三問等人受不了酷刑，認世祖為王，他們就會成為天下人的笑柄，也當不了忠臣。沒想到成三問拒不屈服，對著用刑的獄卒大叫：

這鐵棒不夠燙，燒熱一點再拿來！

承受嚴刑拷打的成三問稱呼世祖為「나으리」，這是傭人對主子的稱呼，以現在用語來說就是「老爺」，用這個字稱呼君主可說是極大的侮辱。不僅如此，成三問還說：「我絕不承認你這個傢伙，你不是主君！」這句話惹得世祖勃然大怒，以殘酷的刑度處死成三問等人。

後人將這六名赴義捐軀的忠臣尊稱為「死六臣」，認為他們是為義殉死的高潔志士。

連續劇《公主的男人》也巧妙改編了死六臣的故事。金宗瑞的兒子金承俞潛入關押死六臣的天牢，跟他們說：「我是來救你們的，快逃吧！」但死六臣絲毫不為所動，還告訴金承俞：

「我們會活在歷史裡，歷史會記錄我們的死，我不希望後人忘記首陽老賊做過什麼醜事！」

毅然決然的態度令人動容，真不愧是令觀眾紅了眼眶的經典橋段。

成三問最後被處以極刑，體無完膚、身首異處。他的父親與兒子一同被殺，妻子和女兒則被貶到世祖的黨羽身邊為奴。成三問一族就此滅絕。

無論遭受多嚴厲的拷問，死六臣依舊不屈服於權威之下。他們是名留青史的大人物，至今仍受到韓國人的尊敬與愛戴。

八、度過悲慘晚年的世祖

死六臣事件過後，世祖開始疑神疑鬼。他擔心只要端宗還活在這個世上，類似事件就會再次發生。

於是，世祖將端宗從太上王貶為庶民，流放到邊境之地。最後在一四五七年，將端宗處以死刑。當時端宗只有十六歲。從「悲劇之王」的角度來看，沒有任何一位君主比端宗更悲慘。

另一方面，世祖的權力在端宗死後更加穩固。儘管在政治上，世祖確實是一位頗有建樹的君主，他推動了朝鮮王朝的法典編制，創造不少政績；但他同時也是一名罪大惡極的叔父。世祖晚年經常夢到端宗的母親，端宗的母親不斷罵他「你怎麼敢殺了我的兒子」，甚至對著他的臉吐口水。不久之後，世祖的臉得了嚴重的皮膚病，讓他十分難受。

不僅如此，他的兩名兒子年紀輕輕就死了。封為世子的長子十九歲猝死，一四六八年世祖駕崩後即位為王的次子睿宗，也在十九歲逝世。在位僅短短的一年兩個月。

當時坊間流傳「世祖殺了端宗才會被詛咒」的說法，事實上，世祖也遭遇了各式各樣的災難。

或許真的是因果報應。

睿宗驟逝時，按照規定應該由睿宗的兒子即位。但世祖的正妻貞熹王后想讓先死的長子後代繼承王位。

長子有兩名兒子，貞熹王后特別指定次子為王。這就是第九代君主成宗。

睿宗以君主身分賓天，他的兒子竟然無法登上王位，這在朝鮮王朝來說是十分罕見的特例。

貞熹王后這麼做有其考量，最後由成宗即位，也擴大了她在政治上的實質影響力。

世祖崩逝之後，由其妻子接手權力。外界批評這對夫婦將朝鮮王朝當成囊中物任意操弄，也不是子虛烏有的說法。

九、首位廢妃齊獻王后

第九代君主成宗是一位資質出色的王，後世也以明君稱之，唯一的問題就是喜歡拈花惹草，引起不小風波。

成宗的第一任妻子十幾歲因病過世，通常君主很快就會再婚，於是成宗迎娶了第二任妻子齊獻王后。就此揭開了腥風血雨的朝鮮王朝歷史序幕。

齊獻王后忌妒心強，詛咒殺害成宗的妾室。在朝鮮王朝時代，人們相信詛咒施法等儀式可以殺人，因此齊獻王后的行為可說是重罪。

現代人會認為詛咒殺人是無稽之談，但朝鮮半島自古以來存在著獨特的薩滿教（薩滿主義），一般人對於施咒作法的儀式習以為常。

話說回來，薩滿教指的是透過薩滿與神靈或死靈溝通的原始咒術與宗教現象。薩滿教至今仍影響著現代的朝鮮半島，只要到鄉下地方，經常可見人們透過薩滿與亡者靈魂溝通的儀式。在朝鮮半島，薩滿稱為巫堂。

現代也有不少人相信巫堂的靈力，更何況是維持古老風俗的朝鮮王朝時代。

當時巫堂可透過稱為「神病」的宗教體驗獲得神的靈感，藉由這個能力與神對話，擁有神權者的地位。當時的人們認為所有的吉凶都是神靈決定的，因此他們很倚賴巫堂，請求巫堂幫忙實現自己的心願。通常他們許的心願都是喚回死者的靈魂，巫堂透過獨特儀式與亡靈對話，將亡靈想說的話傳達給委託人。

不僅如此，也有人想對特定人士施咒。雖然人們認為具有靈力的巫堂可以左右人的生死，將他們捧為具有特別能力的神權者，但不可否認的是，朝鮮王朝時代的人們過度推崇巫堂的神祕性。

無論如何，齊獻王后唆使巫堂咒殺側室是事實，她也因此失去君王的寵愛。更糟的是，成宗就此對她極其厭惡。

從此之後，成宗再也不接近正室的房間，只前往側室的宮殿。齊獻王后獨自過著寂寞的日子。

然而，隨著時間過去，成宗的想法開始轉變。他已經很久沒找過齊獻王后，現在反而想去看看她。對齊獻王后而言，這是重拾聖心的大好機會。不料結果卻完全相反。至今仍不清楚當時究竟發生了什麼事，只知道齊獻王后抓傷了成宗的臉。齊獻王后原本就是愛恨分明的女人，偏偏在這個重要時機做出無禮舉動，在宮中掀起波瀾。

最後，齊獻王后被逐出宮外，成為廢妃。整個朝鮮王朝共有幾名王妃被廢，齊獻王后是第一人。

十、吃下毒藥的前王妃

齊獻王后被廢之後，回娘家過著簡樸的生活。她對於自己在宮中做出的行為感到十分後悔，每天自省，成宗也很關心齊獻王后被逐出王宮後的生活。

成宗心想「要是她改過向善，我就讓她回到宮裡來」，於是派遣使者前往齊獻王后的娘家，用意在「觀察其生活態度」。

由於齊獻王后深刻反省，正當使者要將自己看到的情形如實稟報給成宗，卻在中途被成宗的母親叫住。成宗的母親是仁粹大妃，大妃指的是君主之母。

仁粹大妃不喜歡齊獻王后，她認為齊獻王后拖累了自己的兒子。

仁粹大妃威脅使者，要他對君主說「齊獻王后毫無自省之心，依舊過著奢侈無度的生活」，使者不敢忤逆仁粹大妃，只好依照她的意思轉達給成宗。成宗一怒之下賜死齊獻王后。

在日本，切腹是武士保全名譽的死法；在朝鮮王朝，飲毒自盡的死罪也有同樣的涵意。在儒教的價值觀中，不傷害身體的死法可保住死者的名譽。形式上是由王賜藥，飲毒自盡，因此朝鮮王朝將死罪稱為賜藥。

韓國歷史劇也經常出現賜藥的場景。毒藥主要以砷製成，摻雜金或水銀。

劇中飲毒之人會立刻毒發身亡，事實上，飲毒自盡要花好幾個小時才會真正斷氣。簡單來說，這個過程十分痛苦漫長。賜藥雖然能保住名譽，對當事者來說卻是極為殘

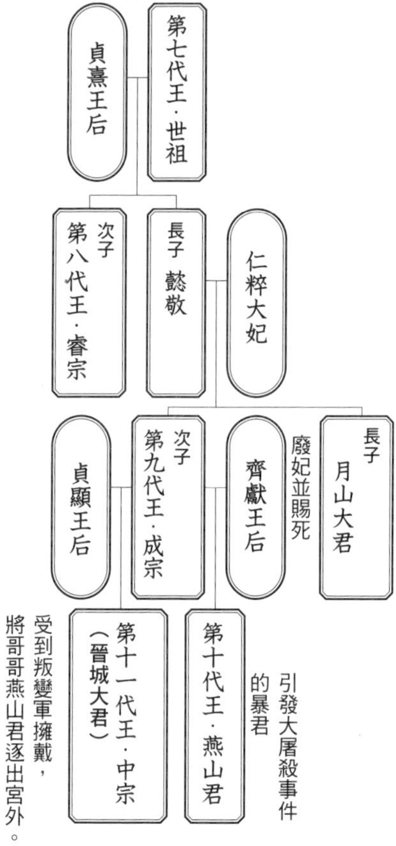

第七代君主世祖的兩個兒子都在十九歲逝世，最後由世祖的孫子成宗當上第九代君主。成宗廢了正室齊獻王后，並處以死罪。第十代君主燕山君即位後得知此事，虐殺與母親之死有關的所有人。燕山君慘無人道的做法引起反對派反彈，成功發動政變，第十一代君主中宗即位。

忍的刑度。

《大長今》一開始就演出身穿白色衣裝的前王妃被灌下毒藥身亡的劇情，劇中的王妃就是齊獻王后。她飲毒之後在白布上吐血，還說：「務必將這個拿給我的兒子……」說完便斷氣。

齊獻王后口中的兒子就是尚未懂事的第十代君主燕山君，也就是成宗的長子。年幼的燕山君不知道自己母親亡故的來龍去脈，父親成宗禁止身邊的人談論此事，也不准任何人將實情告訴燕山君。

成宗其實不想讓廢妃的兒子當王，無奈儒教社會重視長子，儘管燕山君個性粗枝大葉，不喜歡唸書，但礙於長子身分，最後還是讓他登基為王。

十一、慘無人道的暴君「燕山君」

成宗於一四九四年崩逝，燕山君十八歲即位，為第十代君主。燕山君是公認朝鮮王朝最殘暴的暴君，不僅不處理政務，還每天沉浸在酒池肉林裡。不過，即位時他仍不知道自己母親死亡的真相。

並非所有官員都能出人頭地，未受重用的官員使出各種手段擄獲聖心，其中有人想拉攏燕山君，於是將齊獻王后死亡的真相告訴燕山君。燕山君得知實情後大發雷霆，發動了朝鮮王朝立朝以來最嚴重的大屠殺事件。

凡是涉入齊獻王后死罪的人，活著的全部殺掉，已死的挖開墳墓，取出首級示眾。這段期間朝鮮半島各地都陷入恐慌狀態。

愈來愈多大臣感到危機，他們認為「如此慘無人道的君主會拖垮王朝」，於是決定發動政變。這場政變是由知名大臣朴元宗率領，他與燕山君之間有不共戴天之仇。

朴元宗的姊姊嫁給成宗的哥哥月山大君，不料遭到燕山君玷汙，因不堪受辱自殺身亡。月山大君是燕山君的伯父，玷汙伯母可說是違背倫常的罪行。由此可見，燕山君視倫理法度於無物的態度。

朴元宗率軍發動政變，由於燕山君四處結怨，沒人願意保護他。軍隊攻進王宮時，所有禁衛軍紛紛逃亡。根據《朝鮮王朝實錄》的內容，甚至有人逃得太過慌張，不小心掉進茅坑裡。

話說回來，無論君主多麼殘暴，將君主逐出宮外還是需要大義名分。因此，叛變軍推舉燕山君同父異母的弟弟晉城大君為王。晉城大君過去也吃過燕山君不少排頭。叛變軍想拉攏晉城大君，前往他家造訪，沒想到晉城大君以為他們是哥哥派來殺他的，當場想要自盡。晉城大君的妻子拚命阻止，好不容易才讓他冷靜下來。

晉城大君得知對方來意後，婉拒對方的要求。

他說：「如果我流放哥哥自己稱王，世人不知會如何批評我。」

晉城大君不願與叛變軍站在一起。

即使如此，叛變軍仍不放棄，繼續說服晉城大君，最後終於得到晉城大君的同意。政變成功後，晉城大君成為第十一代君主中宗。

另一方面，燕山君被逐出宮外後，流放到外島，僅兩個月便病死他鄉。他死的時候十分低調，不知當時究竟發生了什麼事，只知道他是病死的。

十二、紅裙岩傳說

中宗是被政變軍拱上王位的，因此他每次面對政變有功者都覺得自己矮人一等。總結來說，中宗是一名缺乏自主性的王。有些大臣甚至逼迫中宗休掉正妻端敬王后。

端敬王后是燕山君妻子的侄女，其父親也是燕山君的心腹。簡單來說，敬端王后的許多親戚都與燕山君交情很深。

但中宗不願休妻。

對他來說，在自己產生誤會差點自殺時，他的妻子拚命阻止才保住性命。他不明白為何要休掉自己深愛的妻子？

我相信是這樣的心情讓他不願與端敬王后分開。

再說，中宗是君王，臣下若有不合理的要求只管拒絕就好，偏偏中宗個性懦弱、優柔寡斷，最後還是同意廢除端敬王后。

廢妃之後，中宗仍餘情未斷。每天站在王宮高處眺望端敬王后住的地方，暗自嘆息。這情景很快就在都城流傳開來，也傳入端敬王后的耳中。於是，她將自己最常穿的紅裙放在自己住居後方的岩山上，告訴中宗「我在這裡過得很好」。這就是「紅裙岩傳說」，也是韓國人最常用來表達夫妻之愛的故事。

說到底，這件事都是因為中宗是一個沒用的丈夫才會發生。中宗也是韓劇《大長今》的角色之一，由林湖飾演。《大長今》裡的中宗是個「精明能幹的男人」，實際上他是個優柔寡斷的王。

中宗休掉端敬王后之後，冊封第二任正妻章敬王后，可惜她生下長子後很快就去世。

接著，中宗又冊封了第三任王妃文定王后。文定王后的出現對朝鮮王朝實屬不幸，文定王后被封為全朝鮮王朝最心狠手辣的女人，她可以毫不在意地做出各種殘忍嚴酷的事情。中宗對此視而不見，反而讓文定王后變本加厲。

中宗與文定王后在一五三四年生下兒子，文定王后十分寵溺這個兒子，但中宗早就跟章敬王后生下長子，因此文定王后的兒子不可能即位為王。

即使如此，文定王后並未放棄。她為了讓自己的兒子當王，曾經多次暗殺中宗的長子。最後還在長子的寢室縱火，企圖燒死他。

雖然多次涉險，但中宗的長子並未怨恨繼母文定王后。反而還說：「就算母親要殺我，我也會遵守儒教教義，慷慨赴死以盡孝道。」所以當他的寢室燒起來時，他竟不打算逃離。

就算要盡孝，這個做法也太超過。遇到有人縱火，一定要立刻逃出去才對。

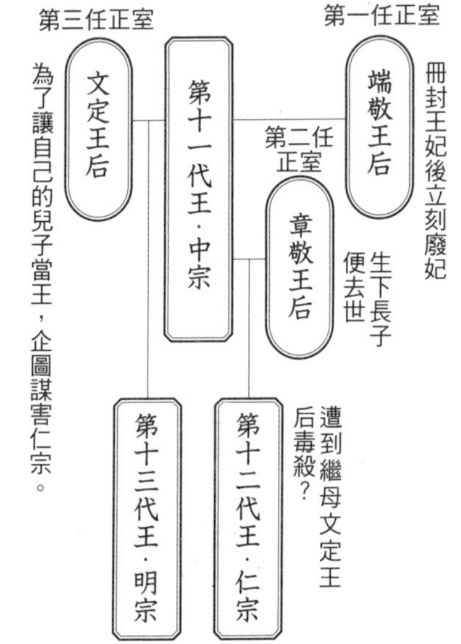

第十一代君主中宗廢除了第一任妻子後，冊封章敬王后為第二任正室，章敬王后生下長子，也就是後來的第十二代君主仁宗。遺憾的是，章敬王后生下長子就逝世，因此中宗又冊封第三任妻子文定王后。文定王后也生下兒子。文定王后為了讓自己的兒子稱王，在後宮默默操控。

一五四四年，中宗崩逝，享年五十六歲。長子即位，是為第十二代君主仁宗。仁宗具有成為明君的資質，可惜在位僅九個月就驟逝。一般認為，他很可能是被繼母文定王后毒殺。

如此猜測的原因是因

為他在文定王后的宮殿吃了餅，回去之後立刻生了重病，最後病逝。

朝鮮王朝發生過多起君主疑似遭到毒殺的事件，但學者認為仁宗遭到毒殺的可能性最高。

韓國歷史劇《女人天下》描述文定王后的心腹鄭蘭貞揣摩上意，在仁宗吃的中藥裡摻毒。該劇是以鄭蘭貞為主角，強調鄭蘭貞身邊的關係；但翻閱《朝鮮王朝實錄》，文定王后在仁宗臥病在床時並不安分，在宮中四處攪亂，掀起波瀾。

我們不知道實際上到底發生什麼事，但可以想像文定王后早就企圖殺害仁宗好幾次，最後她終於使出殺手鐧。

無論如何，仁宗三十歲賓天，文定王后的兒子最終還是坐上了王位。亦即第十三代君主明宗。

自己寵愛的兒子好不容易登上王位，照理說文定王后已得償宿願，但她並不就此滿足。她取代明宗處理朝政，擔任攝政女王很長一段時間，徹底肅清敵對勢力。

由於這個緣故，這段時期朝鮮王朝的政情混亂，賄賂橫行。十六世紀中期朝鮮半島連年歉收，許多貧苦百姓餓死路邊，但文定王后充耳不聞，一心只想維持自己的勢力。因肅清政敵和飢荒餓死的人數想必十分可觀，責任幾乎都在文定王后身上。文定王后於一五六五年逝世。

母親死後，明宗終於得以獨當一面，可惜短短兩年後他也駕崩了。

明宗心地善良，自己的母親做盡壞事，應該也讓他感到很痛心。朝鮮王朝的另一面是有著權力慾望強烈的王妃在背後操控一切，明宗可說是這段黑暗史的犧牲者。

第三章 岌岌可危的朝鮮王朝後期

父親大人就餓死在這個米櫃裡……
第二十二代君主
正祖

這個米櫃平凡無奇，卻與王子的死息息相關，這究竟是怎麼一回事？

一、王朝存亡危機

朝鮮王朝始於一三九二年，儘管骨肉之間的王位爭奪戰時有所聞，但對外關係可說是十分和平。

一五九二年是朝鮮王朝創立兩百週年，應該是值得紀念的一年，卻絲毫沒有喜慶的氣氛，反而面臨生死存亡的危機。日本豐臣秀吉率軍攻打朝鮮半島，很快就攻陷了都城。

當時是第十四代君主宣祖執政的年代，日軍一來，宣祖立刻逃往北方避難，這個反應讓他至今依然背負罵名。他的諡號「祖」是有來歷的，一般都是開疆拓土的君主才有資格稱祖，但宣祖明明是拋下人民、自己躲起來的王……宣祖可說是諡號最名不符實的典型範例。

話說回來，朝鮮王朝早已察覺統一日本戰國時代的豐臣秀吉，懷抱稱霸大陸的野心，因此派遣使節前往日本，探查日本動向。使節歸來後，意見相當兩極。

一派認為「日本隨時會進攻，我們應加強國防實力。」

另一派則說「日本不會進攻，我們可以放心過日子。」

同樣前往日本探查敵情，使節的看法卻截然不同。既然如此，該怎麼做才好？

一般來說，君主應該會想強化國防實力，以備不時之需。可惜當時派系鬥爭激烈，政權不穩，斷言「不會進攻」的使節屬於優勢派系。因此，君主便接納「不會進攻」的意見，完全不加強國家軍力。如此一來，當豐臣軍進攻時，就如秋風掃落葉一般直入都城。

日本才剛經歷漫長的戰國時代，士兵早已訓練有素，武器也很精良。反觀朝鮮王朝一直處於太平盛世，毫無居安思危的意識，士兵將領從未參戰，實力自然低落。兩國兵力可說是天壤之別。

儘管面臨生死存亡之際，朝鮮王朝仍獲得捲土重來的機會。因為明朝從中國派兵援助，加上各地人民組織義勇軍打游擊戰奏效，最後保住了王朝的命脈。此外，名將李舜臣在海上阻斷豐臣軍的後勤補給，也在此戰記上一筆。

李舜臣常用的軍船是有名的龜船，此船形狀獨特，甲板覆蓋著一層龜殼般的船殼。有人說這是「李舜臣想出來的點子」，不過，根據史書記載，早在他使用龜船的

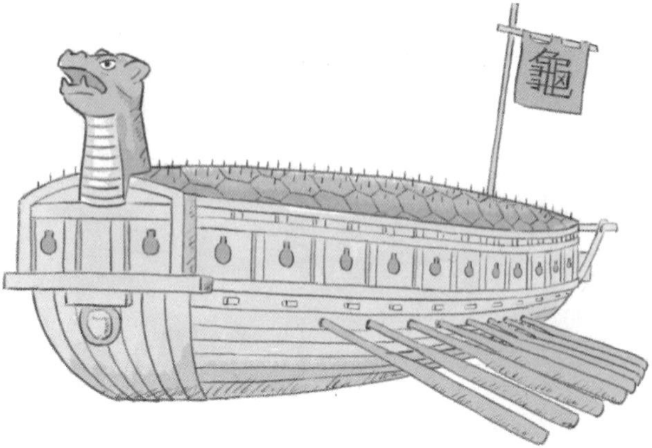

【龜船】
李舜臣改良而成的軍船。甲板上覆蓋一層硬木板，做出像龜甲的形狀，因此取名「龜船」。可揚帆航行，亦可從左右船腹伸出船槳，由人力划動。

一百八十年前左右，就有類似的原型存在。有鑑於此，李舜臣應該是改良原型，製造成適合實戰需求的船艦。

龜船的特徵如下所示：

◆甲板上覆蓋硬木板，做出像龜甲的形狀。也有人說甲板上蓋著的是鐵板，不過使用木板的說法較為有力。

◆在外型如龜甲的船上開闢狹小通道，方便船上人員行走。除了通道之外，其他地方放滿錐狀物，讓人無法走動。此舉是為了避免敵人上船，自由活動。

◆船首放置龍頭，除了方便攻擊之外，亦可放煙霧。

◆除了可揚帆在海面航行之外，左

右兩邊的船腹還設置許多砲穴，與方便伸出船槳的洞孔，可用人力划動前行。

以上就是龜船的優點。

李舜臣知道豐臣軍已逐步進逼，於是緊急完成龜船。根據他在戰爭期間記錄每日狀況的《亂中日記》，龜船完成後正式下水是在一五九二年三月二十七日。日記內容如下：

「吃完早餐後，我搭船來到召浦，監督設置鐵鎖的作業，我一整天都在看他們立柱子，還有試射龜船大砲。」（平凡社出版《亂中日記》北島萬次譯）

後來龜船又試射了幾次大砲，精準度愈來愈高。四月十二日，李舜臣確定龜船已經可以作戰。第二天，豐臣軍的先行部隊已經登陸釜山，因此龜船可說是在最後一刻才完成。

豐臣軍在開戰的第二十天就攻陷首都漢揚，朝鮮王朝陷入困境，李舜臣率領的水師利用龜船奪回制海權，破壞豐臣軍的後援體系。此舉封鎖了豐臣軍的攻勢，戰況自此陷入膠著。李舜臣在朝鮮王朝面臨存亡危機時挺身而出，成功擊退日本的豐臣軍。直至今日，韓國人依舊尊稱他為「救國英雄」。龜船正是他力挽狂瀾的重要武器。

一五九八年，豐臣秀吉逝世，豐臣軍因此從朝鮮半島撤退。戰亂中還從朝鮮半島俘虜五萬人回到日本，他們大多是農民，還有不少陶藝工匠。九州各地的大名俘虜陶工，在自己的領地燒製陶器。

其中最特別的是加藤清正。他帶走許多十歲出頭、天資聰穎的小孩回到日本。這些人後來出了不少學識淵博的學者。

為什麼加藤清正要帶走年紀那麼小的小孩？

事實上，朝鮮半島出身富裕家庭的小孩熱衷學習儒學，整體漢學素養很高。加藤清正發現這一點，才會俘虜大量小孩回到日本，讓他們勤勉向學，成為僧侶和儒學者。從這一點來看，豐臣軍的入侵反而促成了朝鮮半島的菁英輸出到日本的結果。

二、被逐出王宮的光海君

豐臣軍入侵也影響到朝鮮王朝的王位繼承問題。誠如先前所說，宣祖的兒子也在戰亂中決定了未來命運。長子臨海君被加藤清正擄走，次子光海君待在鄉下整備民兵，創下軍功，充分發揮領導才能。

儒教社會中，無論王家或庶民都是由長子繼承家業。臨海君有繼承王位的權利，但他釋放後對於自己曾經遭擄的過往感到羞恥，成天藉酒消愁，荒誕度日。弟弟光海君表現優良，最後宣祖指名將王位傳給光海君。可惜，這個決定並沒有讓繼承問題畫下句點。

宣祖是庶出，說得簡單一點，他是側室生的小孩。在他之前，所有君主都是正室生的兒子，宣祖是朝鮮王朝第一位庶出的王。

這件事讓宣祖耿耿於懷。

宣祖和正室之間一直沒有小孩，他的正妻懿仁王后在一六〇〇年仙逝，死前膝下無子。王后亡故後，君主不可能長期保持單身，於是宣祖娶了第二任妻子仁穆王后。仁穆王后一五八四年出生，比宣祖小三十二歲。年輕妻子較容易懷孕生子，一六〇六年仁穆王后生下永昌大君，這是他期待已久的嫡子。

如果宣祖活得夠久，我相信永昌大君會取代光海君成為君王。可惜宣祖在一六〇八年薨逝，此時永昌大君才兩歲，如此年幼根本不能當王。

於是，光海君繼位為王。光海君以批評君主為由殺了哥哥臨海君，他也忌憚同父異母的弟弟永昌大君，將他幽禁，再以殘暴的方法殺了他。

在政治上，光海君推動政務改革過於急躁，既得利益者開始感到不安。光海君殘殺兄弟引來許多批評，處罰仁穆王后更是導致各界反感。關於這一點已經在第一章提及，但由於事關重大，還是在此說明一次。

一六二三年，朝鮮王朝發生了一起政變。主導政變的是一位年僅二十八歲的年輕人，名為綾陽君，是宣祖的孫子。綾陽君的弟弟遭到光海君的黨羽殺害，因此對光海君懷恨在心，於是邀集同樣怨恨光海君的夥伴，決議推翻光海君。不過，光靠怨恨發動政變，無法取得大義名分。為了名正言順，綾陽君抬出被幽禁的仁穆王后。《朝鮮王朝實錄》詳細記載了發動政變的綾陽君同夥，前去說服仁穆王后的情景。根據內容，仁穆王后聲嘶力竭地說：

「我被幽禁十幾年，過去沒人來看過我，你們為什麼現在才來？」

仁穆王后的憤怒情有可原，從過去到現在，她一直備受冷落，已經到了無法承受的地步。

叛變軍亟需仁穆王后與他們站在一起，因此拚命地為過去的無禮舉動道歉。他們的訴求也得到仁穆王后的理解，仁穆王后接受他們的提議。

政變結果成功推翻了光海君政權。仁穆王后從被幽禁的地方光明正大地回到王宮，原本抱怨「十幾年來沒人來看我」的怨婦，搖身一變成為大權在握的王后，要求綾陽君「以殘暴的方式殺了可恨的光海君」。她想為兒子報仇，這是理所當然的事情。

不過，雖說將光海君驅逐出宮，要是殺了前任君主將會招來後世的批評。綾陽君很清楚這一點，幾次勸說仁穆王后不可殺了前任君主，但仁穆王后無法接受，堅持「殺死光海君」。

綾陽君抵抗到最後一刻，他沒有殺害光海君，只將他流放到外島。送到離都城很近的江華島，就位於現在的仁川國際機場附近。

光海君的妻子也成為廢妃，一起流放到外島。妻子在船上跟光海君說：「我們備受屈辱，不如在這裡一起死吧！」不過，光海君並沒有死。

流放到外島後，光海君的兒子和媳婦逃亡失敗，被判處死罪。光海君的妻子面臨如此絕望境地，上吊自殺。儘管妻子、兒子和媳婦都死於非命，光海君倒是活了很長一段時間。後來光海君又從江華島流放到濟州島，濟州島離都城最遠，犯下重罪的罪犯都會流放到此。光海君從未料到自己會被流放到這麼偏遠的地方。

身邊的人顧慮他的心情，故意在船的四周罩上布幕，不讓他知道自己要去哪裡。話雖如此，當船抵達濟州島，他還是發現了自己的處境。光海君聲淚俱下，痛哭吶喊：「我竟然被流放到這邊陲之地……」

身旁的獄卒只能安慰他：「要是您在位時沒有受到奸臣蠱惑就好了……」

無論如何，光海君在濟州島待了很長一段時間，六十六歲才去世。人的命運真的很難預料。光海君被逐出王宮後，還活了十八年。或許是因為他不再感到壓力，「後半輩子」過著真正悠然自得的生活，才能如此長壽吧！總結來說，他是二十七名君主中，第四長壽的王。

三、飽受屈辱的王

政變成功後，綾陽君成為第十六代君主仁祖。既然諡號為「祖」，光看名字各位可能認為他是一個政績卓著的君主。實際上，仁祖是名飽受屈辱的王。

在朝鮮半島北方勢力與日俱增的「後金」是壓得仁祖喘不過氣的原因。後金就是後來的「清朝」，統治整個中國大陸。後金以武力見長，是不容小覷的軍事國家。後金在仁祖在位時不斷侵擾朝鮮王朝，一六二七年大舉進攻，情況相當危急。幸好雙方和談成功，沒有發生更嚴重的後果。

考量對方的強大武力，照理說朝鮮王朝應該要更加尊敬後金才對，偏偏朝鮮王朝只看豐臣軍進攻時前來救援的明朝臉色，以不屑的口吻稱呼後金「鄉下來的蠻族」。

後金很快就看出朝鮮王朝大小眼的態度。朝鮮王朝不遵守和談條件激怒了後金，後金在國名改為「清」之後，於一六三六年十二月十日率領超過十萬人的大軍討伐朝鮮王朝。

朝鮮王朝完全不反擊，仁祖與眾大臣慌慌張張地逃往首都南方的山城，籠城自守。

後來終於忍不住，隔年向清投降。

接下來就是朝鮮王朝最屈辱的時日。

首先，仁祖跪趴在都城南邊的漢江畔，向大清皇帝磕頭謝罪（雙膝跪地並以頭觸地）。自從建國以來，從來沒有一任君主遭受如此屈辱。

不只如此，清朝向朝鮮王朝要求高價賠償，更帶回仁祖的三名兒子作為人質。就連已經冊封為世子的長子昭顯也無法倖免。通常世子不會成為外國的人質，清朝的做法很不尋常，這讓仁祖感到異常慌亂。

不過，最悲憤的可說是一般平民百姓。

百姓認為「都是君主沉迷於靡爛的生活，不好好保護國家，才會造成這個結果」。許多百姓的謾罵之聲傳遍整座都城，所有人都將屈服清朝的責任算在仁祖頭上。許多庶民甚至覺得「既然如此，還不如不要換掉光海君，讓他當王可能還比較好……」各界毫不留情地批評仁祖。

另一方面，成為清朝人質的昭顯又過著什麼樣的日子？

昭顯在清朝滯留很長一段時間，一六四五年回到朝鮮半島。各位可能認為昭顯一定吃盡苦頭、身形消瘦，但事實並非如此。他與住在清朝的西歐人士深入交流，打開了自己的世界觀，帶著滿滿電力重回朝鮮王朝。昭顯回國向仁祖請安時，大肆讚揚外國文物的優秀之處。

面對完全變了一個人的昭顯，仁祖絲毫沒有重逢的喜悅，反而感到相當憤慨。他認為「我的兒子，朝鮮王朝的下任君主不僅忘掉對清朝的怨恨，反而一味地幫外國說話。他這樣如何守住王朝？」。

仁祖再也忍不住滿腹怒氣，拿起硯台丟向昭顯。原本是父子倆溫馨的久別重逢，情勢卻急轉直下，充滿緊張氣氛。

昭顯在兩個月後猝逝，死因有許多不可解的謎題，坊間甚至流傳可能是仁祖毒殺了昭顯。外界的猜測並非空穴來風，因為仁祖想將王位讓給昭顯的弟弟鳳林。

事實上，鳳林也跟昭顯一樣都是清朝的人質，但他與昭顯不同，極度憎恨清朝。在這一點上，鳳林跟他的父親仁祖站在同一陣線。仁祖一心想雪恥，因此他將王位傳給鳳林而非昭顯，也是情理之中的事情。

事實上，仁祖對於昭顯的喪禮表現得極為冷淡。昭顯身為世子，喪禮規格卻跟地

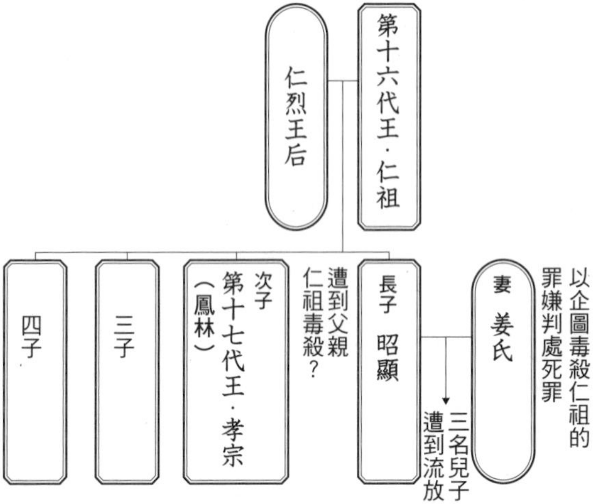

第十六代君主仁祖與仁烈王后共生了四個兒子，長子昭顯與次子鳳林都是清朝的人質。但昭顯深受清朝文化的影響，鳳林則是對清朝懷恨在心。昭顯回國後不久就因為不明原因猝死，由鳳林繼承王位，留下「昭顯是被仁祖毒殺」的疑問至今仍未釐清。

位最低的王族沒有兩樣。

按照禮制，昭顯的兒子應該繼承世子地位，但仁祖將昭顯的三名兒子流放，改封鳳林為世子。這個做法完全違背王位繼承的原則。

此外，仁祖也以「企圖毒害君王」為由，問罪昭顯的妻子姜氏，判處死刑。由此可見，仁祖是真心想要滅了昭顯一家。

一六四九年，仁祖駕崩。鳳林即位，是為第十七代君主孝宗。其諡號為「孝」，這是朝鮮王朝的生活規範中最重視的倫常。以兒子來說，孝是最高等級的榮譽。

孝宗即位後，一直想為父親雪恥，積極計畫進攻清朝。無奈國庫空虛，直到四十歲升遐為止，他都沒有達成自己的宿願。或許這也是好事一樁。清朝取代明朝，成為統治中國大陸的泱泱大國，朝鮮王朝根本不是大清的對手。

四、任意妄為的肅宗

第十九代君主肅宗是孝宗的孫子，在位期間積極發展農業與商業，提升庶民的生活水準，政績卓著。

連續劇《同伊》中由知名韓星池珍熙飾演親民的肅宗，但詳閱《朝鮮王朝實錄》的內容，會發現他也是一個自我中心、喜歡女色的男人。究竟肅宗是一名什麼樣的君主？

一六七四年，肅宗十三歲登基。一六八〇年，他在宮中遇到「絕世妖女」張禧嬪，對她一見鍾情。

當時張禧嬪在宮中當值處理雜務，因姿色美麗，肅宗一眼就愛上她。極度專寵，幾乎到了「無時無刻都黏著張禧嬪」的程度。

肅宗的母親明聖王后對此現象感到憂慮。明聖王后十分溺愛肅宗，女人的直覺告訴她「張禧嬪將為自己的兒子帶來災難」，於是立刻下令「將張禧嬪逐出宮外」。由於這個緣故，張禧嬪被趕出宮去。

如果就這麼不理會張禧嬪，她絕對沒有機會出現在朝鮮王朝的歷史中，但肅宗的正妻仁顯王后救了張禧嬪。

仁顯王后對肅宗說：「殿下如此寵愛的女人就這麼逐出宮外，真是可憐，不如把她接回來吧！」

而且她還真的命人將張禧嬪接回宮。當好人也要有個限度，有時對別人好就是對自己殘忍。後來張禧嬪用計陷害仁顯王后，將王后逐出宮外。

姑且不論這些，總之在仁顯王后的安排下，肅宗再次見到了張禧嬪。

在此之前還發生了一段小插曲。肅宗因不明原因發燒，身染重病。明聖王后愛子心切亂了分寸，抱著死馬當活馬醫的心態叫來巫女祈禱。巫女不斷祈禱，祝願肅宗早日康復，後來還對明聖王后說：

「大妃娘娘背後有東西跟著，就是那個東西使殿下受苦。」

明聖王后聽信巫女的話，在寒冷的隆冬不斷淋水，藉此洗淨身體，驅除附身在背後的不祥之物。

但明聖王后好像淋水淋過了頭，不知是否因此著涼，弄壞了身體，不久便與世長辭。明聖王后逝世後，肅宗奇蹟似地痊癒了。母親用自己的性命拯救了兒子的性命。

肅宗身邊有許多貴人幫助，他的妻子接回了自己心愛的女人；媽媽還犧牲了自己的性命……相信就是這個緣故，才會養成他愈來愈為所欲為的個性。

一六八八年，張禧嬪生下了肅宗的兒子。

肅宗不顧大臣們反對，將仁顯王后逐出王宮，扶正張禧嬪，冊封其為王妃。面對大臣反對，肅宗堅持己見，《朝鮮王朝實錄》還記錄下肅宗與大臣們說的話：

「中宮（王妃）忌妒心強，你們都給我閉嘴！」

「婦人善妒是自古就有的事情，但中宮怎麼可以若無其事地說出這麼恐怖的話

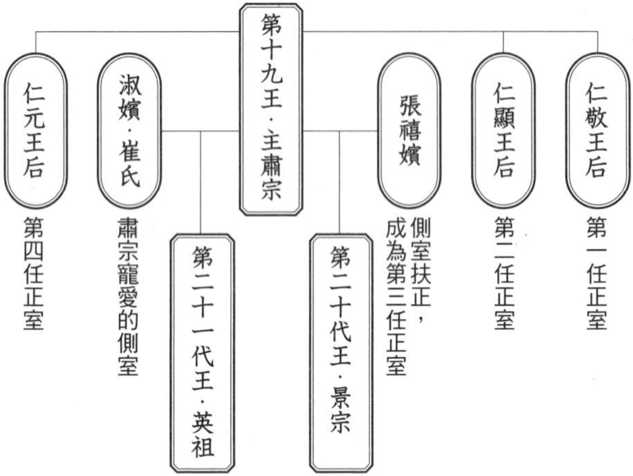

第十九代君主肅宗的女性關係相當複雜。第一任王妃仙逝後，娶了第二任正室仁顯王后。後來受不了張禧嬪懇求，廢了仁顯王后，扶正張禧嬪。之後肅宗寵愛淑嬪崔氏，她又向肅宗進言，將張禧嬪降為側室。肅宗接回仁顯王后，恢復她的王妃身分。

來！」

字字句句都是對仁顯王后的責難。讀到後面便覺得「全天下沒有比肅宗更自以為是的男人了」，對肅宗的好感自然也就消失殆盡。最後，肅宗得償所願，廢了仁顯王后。

五、王妃與側室的流轉

許多韓國歷史劇描述了仁顯王后身穿素淨的白色赤古里，帶著幾名隨從回到娘家的場景……在劇中，仁顯王后不被現實擊敗，勇敢地說：「我是罪人，回到娘家後，我要在簡樸的小屋生活。」正面看待逆境的態度令觀眾動容。

另一方面，張禧嬪升任王妃後，過著極其奢華的生活。她的兒子也被冊封為世子，未來會繼承王位。張禧嬪想要的全都得到了，她已經站上最高的地位。

可惜，有一點她沒有料到。那就是肅宗性好漁色的本性。張禧嬪一當上王妃，肅宗的眼睛立刻飄向其他女人。

這次他愛上的女人，就是家喻戶曉的同伊。

同伊即淑嬪崔氏，也是韓劇《同伊》的主角。本書稱呼她正式的名稱淑嬪崔氏。張禧嬪和淑嬪崔氏一樣，都有個「嬪」字。嬪是側室最高等級的封號，以品級而論，屬於正一品。

順帶一提，側室的品級代表自己受到君主寵愛的程度，最高等級為正一品，往下到從四品。

每個品級都有「正」與「從」，「正」比「從」大。例如，正三品的地位高於從三品。總的來說，側室品級從正一品到從四品，共有八級。張禧嬪與淑嬪崔氏都被封為側室最高等級的「嬪」。

言歸正傳，變心的肅宗開始冷落張禧嬪，轉而寵愛淑嬪崔氏。淑嬪崔氏仰慕仁顯王后，對肅宗說：「能不能將仁顯王后接回宮？她是受到張禧嬪陷害。」

肅宗同意淑嬪崔氏的請求，決定將張禧嬪降為側室，迎接仁顯王后回宮，恢復妃位。

由於此時肅宗與張禧嬪生的兒子已冊封為世子，因此廢除張禧嬪妃位的決定受到大臣們強烈反對。世子是王位繼承人，從道義上來說，哪有世子的母親遭受剝奪封號的對待？

這個時候肅宗說的藉口也詳實記錄在《朝鮮王朝實錄》裡。從這一點來看，《朝鮮王朝實錄》記錄了不少對肅宗不利的事情。現在就來看一小段其中的記述：

「之前我受到奸臣挑撥才做出錯誤的處分，現在我已痛改前非。」

「之前我一直在忍耐，現在好不容易處置了奸臣，終於可以迎接中宮（王妃）回宮。」

話要看怎麼說，死的都能說成活的。事實上，沒有任何官員挑撥肅宗，肅宗也從來沒有忍著不接回仁顯王后這回事。他只是厭煩了張禧嬪，又受不了淑嬪崔氏苦苦哀求罷了。

一六九四年，仁顯王后再次回到王宮。過去歷史中有好幾位廢妃，但她是第一位被廢後還能復位的王妃，可說是前所未有的例子。

這一年，淑嬪崔氏生下肅宗的兒子。這個兒子就是後來的第二十一代君主英祖。

六、妖女「張禧嬪」的下場

仁顯王后好不容易回到王宮，可惜身體欠佳，大多時間臥病在床。最後在一七〇一年八月逝世。

就在這個時候，淑嬪崔氏揭發了張禧嬪私設神堂，以巫蠱之術詛咒仁顯王后的罪行。

此時的肅宗早就厭煩張禧嬪，判她死罪並非不可能。一七〇一年九月，肅宗在重臣們面前強烈批判張禧嬪。

「她不只從來沒探望過中宮，還不用敬語稱呼王妃，甚至說她是個壞人。」

「暗地私設神堂，與來路不明的巫者詛咒他人，做出一些奇怪的舉動。」

「如今她的罪行已昭然若揭！」

肅宗說到最後，更加強語氣下達指令：

肅宗自己提出要判張禧嬪死罪。

韓劇《同伊》中，被宣判死罪的張禧嬪失控地哀求肅宗讓她見一見自己的兒子，但肅宗沒有答應。於是張禧嬪轉而向身邊的同伊（淑嬪崔氏）請求：「我只能拜託妳了，請妳守護我的兒子。」

張禧嬪曾經是高貴自持、自信無比的女子，一夕之間墜入無底深淵。韓國連續劇的精髓就是將這一切完整呈現在觀眾眼前。看一個人如何從谷底爬上巔峰，再從高處墜落……像坐雲霄飛車般描述一個人的起起伏伏，是韓劇最擅長的手法。

以上是連續劇演出的橋段，史書中又是如何記載張禧嬪的？

事實上，張禧嬪確實一再懇求肅宗讓她見兒子最後一面，肅宗答應了她的請求。各位可能會以為母子見最後一面，應該是離情依依，抱著兒子捨不得離開他吧？實際上完全不是這麼一回事。張禧嬪的兒子當時只有十三歲，不知為何她死命抓著兒子的下腹部不肯放手。兒子當場嚇到昏厥過去。直到現在，仍沒有人知道張禧嬪當時為什麼這麼做。

最後張禧嬪還是接受了死罪，享年四十二歲。其波瀾萬丈的人生很適合成為連續劇的題材，因此她可以算是韓國歷史劇中出現最頻繁的人物。說她是朝鮮王朝最有名的女性，一點也不為過。

另一方面，淑嬪崔氏也在一七一八年去世。她的一生不如張禧嬪那麼璀璨，後人

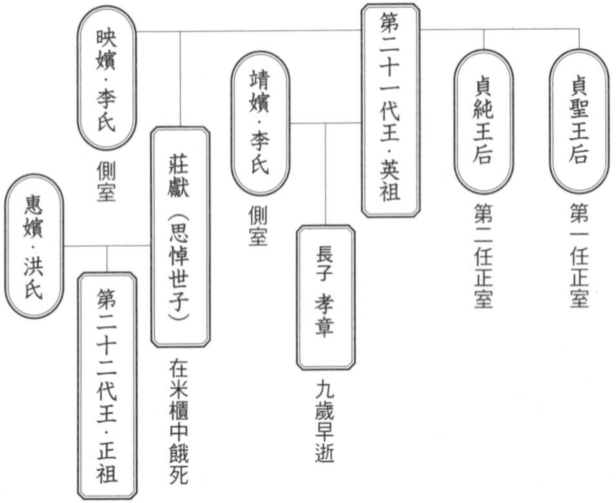

第二十一代君主英祖雖被譽為明君，但也引發了一場悲劇。他將冊封為世子的莊獻關在米櫃裡，將他活活餓死。這件事是英祖的第二任正室貞純王后在背後操控，最後莊獻的兒子即位，成為第二十二代君主正祖。正祖即位後，追究當年逼死自己父親的相關人等。

幾乎沒聽過她的名字。直到連續劇《同伊》的播出，扭轉了這個情勢。

《同伊》以淑嬪崔氏為主角，使得現代韓國人大多知道淑嬪崔氏這個人的存在。由此可見，戲劇的影響有多大。

七、王位繼承人餓死事件

肅宗在一七二〇年升遐，享年五十九歲。繼位者是張禧嬪的兒子，成為第二十代君主景宗。

景宗是個個性很好的人，與張禧嬪不同，人望很高。但在位僅四年兩個月就駕崩，享年三十六歲。景宗沒有小孩，一般認為可能是當初被張禧嬪抓住下腹部昏厥所致，但他的身體本來就弱，可能也有關係。由於景宗沒有後代，就由同父異母的弟弟，淑嬪崔氏的兒子於一七二四年登基，是為第二十一代君主英祖。

在歷代君主中，英祖可說是政績卓著的明君。他的時代也有激烈的派系鬥爭，但他公平地從各派系拔擢人才，獲得良好成效。以現在來說，他是一位懂得用人的領導者。

儘管如此，他也做了一件令人摸不著頭緒的事情。

那就是餓死自己的兒子。容我先說明事件背景。

英祖的第一任正室是貞聖王后，兩人沒有孩子，但妾室幫英祖生下兩名兒子。長子孝章早逝，二子莊獻順利成長，是個聰明的小孩。事實上，莊獻的頭腦十分清楚，年僅十歲就敢於在公開場合對政情發表意見。但也因為他才華過盛，批評大臣，引來不少怨恨。這一點造就了他往後的悲慘命運。簡單來說，他勇於批評的個性讓他樹立不少敵人。

加上莊獻的私生活也有可議之處。他酒品不好，又殺了自己的側室。

他本人確實有問題，但捲入派系鬥爭也是原因之一。莊獻的所作所為經過有心人加油添醋之後，傳入英祖耳裡，長久以往下來，英祖再也忍不住。

「要是讓你繼承王位，朝鮮王朝就完了，你乾脆自我了斷吧！」

英祖對自己的兒子說出如此無情的話。莊獻只是不斷道歉，並沒有自殺之意。英祖怒不可遏，最後要身邊的人將莊獻關進米櫃裡。英祖說：「我叫你自我了斷，你竟然不願意，那就關進米櫃裡吧！」下人搬來米櫃，將莊獻關進去。

莊獻究竟何時死的並不清楚，八天後打開米櫃，發現莊獻已經餓死在裡面。這到底是什麼狀況？王宮裡竟然發生了父王餓死世子如此殘忍無道的事情！

韓劇《李祘》在第一集演出這段悲慘故事，相信不少讀者也看過這一幕，熟悉來龍去脈。

英祖在莊獻死後十分後悔，追封「思悼世子」的尊號。或許英祖想透過這個尊號表達「思念世子，中心哀悼」之意，既然如此，為何不在他生前打開米櫃？朝鮮王朝只有二十七位君主，只有他們才知道身上的擔子有多重……

順帶一提，餓死事件發生在一七六二年，英祖六十八歲的時候。莊獻死的時候只有二十七歲，當時莊獻有一個年僅十歲的兒子，後來在英祖一七七六年賓天後即位為王，是為第二十二代君主正祖。韓劇《李祘》就是以正祖為主角的戲劇作品。

八、為父親報仇

正祖二十四歲即位，《朝鮮王朝實錄》詳細記錄著他即位後說的第一句話。當時正祖在眾臣面前說：

嗚呼！寡人是思悼世子的兒子。

寡人是君王對自己的謙稱，韓文為「과인」。

寡人是「少有的人」，少有的人就是君王。

李瑞鎮飾演的正祖在韓劇《李祘》中，即位後說的第一句話與《朝鮮王朝實錄》的記載相同。該劇導演李丙勳也執導《大長今》，被譽為韓國歷史劇巨匠。其執導的戲劇大多是結合史實的虛構作品。不過，正祖即位時說的第一句話完全按照《朝鮮王朝實錄》內容，由此可見，在此場景中，他認為如實呈現歷史比虛構更重要。

無論如何，正祖說「嗚呼！寡人是思悼世子的兒子」時，身邊大臣無不嚇得全身顫抖。因為這句話代表正祖絕對不會放過與他父親之死有關的所有人。

照理說莊獻是接受處罰，在米櫃中餓死的，形同罪人。正祖身為莊獻的兒子，他根本不可能即位。

但正祖是莊獻的哥哥，也就是早逝的孝章的養子，形式上正祖的父親是孝章。沒想到他一登基就公開宣示自己是思悼世子的兒子，強烈的主張像是在預告將吹起一股「肅清政敵的暴風雨」。

結果確實如大臣們預料的。陷害莊獻的奸臣佞人一一獲罪，遭到嚴刑處罰。其中包括先父的妹妹和母親的叔父。從這一點即可看出，莊獻家族中存在著反對他的勢力。

另一方面，正祖還在猶豫是否該責罰他的祖母，也就是英祖的第二任正室貞純王后。英祖的第一任妻子貞聖王后去世後，在五十一歲時迎娶年輕的繼妃貞純王后。她也是逼死莊獻的幕後黑手之一。

正祖很想為父親報仇，但儒教社會教導他不可輕易處罰祖母。在儒教觀念裡，違背「孝道」是罪大惡極的行為。剛登基為王就做出不孝之事，絕對會讓他的人望一落千丈。

加上貞純王后採取絕食的手段想要躲過刑罰，堅忍不拔的態度令人不敢隨意處置。「我到底該為父報仇問罪貞純王后，還是遵守長幼倫常，放過貞純王后？」正祖煩惱許久，最後決定放過她。沒想到這個決定成為正祖日後最大的致命傷。

九、李祘真的遭到毒殺嗎？

正祖是至今依舊受到韓國民眾推崇的明君，儘管還不及第四代君主世宗，但地位可說是僅次於世宗。正祖創下了輝煌的政績，拔擢身分低微但有才華的能人志士，建構出一個對未來抱持夢想的社會。正祖知識淵博不輸給學者，對於文化發展也做出極大貢獻。

其最知名的事蹟是他衷心思慕自己的父親，將父親的墳墓遷到賞花勝地水原，而且經常前往水原行幸。他甚至計畫將都城遷到水原，興建了堅固的城郭。該地現在稱為華城，是世界文化遺產。

如果正祖能活得久一點，相信他一定能創造更多政績。遺憾的是，一八〇〇年，正祖四十八歲時薨逝。《朝鮮王朝實錄》也詳實記錄正祖逝世的過程。朝鮮王朝的歷代君主中，不少人發高燒、體內長腫瘤，歷經痛苦而亡，正祖就是其中之一。他在梅雨時期因不明原因高燒不退，身體日漸衰弱。

他不相信自己的侍醫，特地從鄉下請來名醫治療。

侍醫幾次要求讓他診療，正祖就是不同意，或許他害怕自己遭到毒殺。儘管身體狀況很差，正祖依舊堅持自己調配藥物，對周遭的人高度警戒。就在他病情愈來愈重之際，貞純王后突然前來探望。

「先王也罹患過相同疾病，當時曾配出有用的藥方，醫好了先王。為什麼你們不配相同的藥？」

貞純王后說完後，還責罵了負責配藥的太醫和服侍正祖的內侍。看起來她真的很擔心正祖。

接著，正祖病危時貞純王后再次出現，對所有人說：「我來照顧君王，你們都下去吧。」

這下子，正祖的病榻前只有貞純王后一人。負責服侍正祖的內侍在房間外待命，觀察房內動靜。

此時房內突然傳出嚎啕大哭的聲音，內侍們驚覺不妙，跑到病榻前一看，發現正祖已經氣絕身亡。

內侍們詢問貞純王后，想釐清她究竟做了什麼事。君王臨終卻只有一人在側，這將引起軒然大波。

正祖臨終前很可能留下遺言，但只有貞純王后一個人聽到，貞純王后很可能隱瞞編造。加上貞純王后是正祖的天敵，更加深了正祖逝世的懸疑性。

基於兩人之間的糾葛，坊間開始流傳「貞純王后殺害正祖」的說法。雖然不知可信度有多少，但貞純王后的行為確實怪異，因此至今正史上依舊保留了正祖遭到毒殺的假設。

事實上，正祖逝世後獲得最大利益的人就是貞純王后。當時正祖的兒子年僅十歲，就成為第二十三代君主純祖。有鑑於君王年幼，貞純王后垂簾聽政長達四年的時間。

這四年可說是朝鮮王朝的黑暗期。貞純王后中止正祖推動的所有改革，拉下正祖拔擢的大臣。不僅如此，反對她的勢力大多是天主教徒，因此她大規模鎮壓天主教，殘殺許多信徒。

十、外戚干政

貞純王后在退出朝局的隔年一八〇五年逝世，享年六十歲。取而代之的是安東金氏一族。

「安東」是代表家族流派的本貫（祖籍），原指祖先的出身地，後來演變成表示同族的代名詞。「金」是朝鮮半島最大的姓氏，本貫各有不同，其最有名的是「安東」、「金海」、「慶州」等。

安東金氏一族的女兒嫁給純祖，是為純元王后，正因如此，安東金氏才能在純祖時代掌握大權。

自此，安東金氏的族人位居王朝要職，獨占政治，操弄權勢。朝鮮王朝將外戚干政稱為「勢道政治」。權力獨占弊害叢生，收賄橫行，民不聊生。

純祖沒有袖手旁觀，為了牽制安東金氏，他扶植豐壤趙氏制衡。其家族的女兒嫁給純祖的兒子孝明為妻。

隨著孝明成長，豐壤趙氏的勢力已有凌駕安東金氏之象。可惜純祖的如意算盤在一八三〇年打破了，孝明年僅二十一歲驟逝，豐壤趙氏瞬間失勢，安東金氏再次站上權力顛峰。遭受外戚操控的純祖，也在一八三四年賓天，享年四十四歲。

繼位的第二十四代君主憲宗是孝明的兒子，登基時只有七歲。由於太過年幼，無法處理政務，因此由祖母純元王后攝政。此舉也延續了安東金氏為首的勢道政治。

憲宗對祖母言聽計從，無法表達自己的意見，年紀輕輕的他二十二歲駕崩，時為一八四九年。由於憲宗沒有兒子，王位之爭陷入膠著，純元王后想出一個出乎意料的計策。她找來沒落的王族成員，一個在鄉下務農的十八歲青年，將他推上王位，成為第二十五代君主哲宗。

據說哲宗根本連漢字也不會寫，讓這麼一位沒讀過書的青年當王，是基於純元王后的私心。她想繼續攝政。勢道政治的弊害莫此為甚。一八五七年，純元王后逝世，

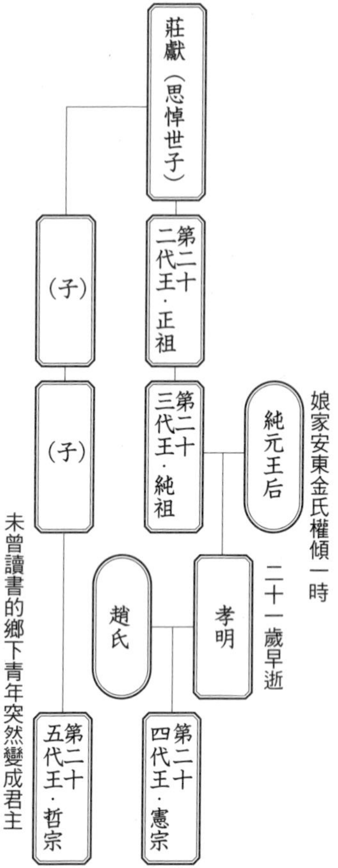

第二十三代君主純祖的正室純元王后出身安東金氏，家族位居政權中樞，權傾一時。外戚掌權稱為勢道政治，十九世紀前半的朝鮮王朝由安東金氏為首的勢道政治持續了六十年左右，國內一團混亂。第二十五代君主哲宗原本是一名沒讀過書的農民，卻在純元王后的謀算下登基為王。

享年六十八歲。她是讓朝鮮王朝停止進步的最大元凶之一。

當時的世界早已進入劇烈變動的時代，歐美列強入侵亞洲，朝鮮半島也在岌岌可危的邊緣，隨時都會捲入漩渦之中。但朝鮮王朝「依然故我」，絲毫不顧現實狀況。

身為君王的哲宗毫無自覺，沉溺於自甘墮落的生活，年僅三十二歲，就在一八六三年賓天。此時仍由安東金氏操弄政治，他們又推舉另一個魁儡當王，也就是第二十六代君主高宗。

不過，這一次換安東金氏的如意算盤落空了。高宗的父親興宣大院君是個能力很強的人，利用高超的政治手腕瓦解了安東金氏政權。

就這樣，長達六十年左右的勢道政治就此告終。

十一、長壽王朝的結局

高宗即位時只有十一歲，父親興宣大院君攝政，他提議重建荒廢的景福宮。景福宮於一五九二年豐臣軍入侵時燒燬，荒廢至今。可是，重建需要一大筆資金，於是增加稅賦，造成百姓負擔。

此外，興宣大院君在強化鎖國政策的過程中鎮壓天主教徒，一八六六年甚至發生九名法國神父殉教的事件。法國政府為了報仇，進軍攻打朝鮮半島，占領了都城漢陽附近的江華島一段時間。最後法軍撤退，但同一時間，美國商船舍門將軍號（General Sherman）前往朝鮮半島要求通商，與王朝軍艦發生衝撞，最後全船覆沒。五年後，一八七一年，美國要求賠償與通商，再次入侵江華島。歐美各國接踵而來的軍事行動使朝鮮王朝處於恐懼之中。

此時王朝內部正陷入高宗妻子明成皇后與父親興宣大院君的政權鬥爭之中，明成皇后就是在日本家喻戶曉的閔妃。

為了避免再次陷入勢道政治，興宣大院君從勢力較弱的家族選出一名女子作為高宗的正妻。然而，明成皇后是一名能幹的女性，她一邊扶植自己的家族位居政權要職，一邊伺機而動。終於在一八七三年發動政變，興宣大院君就此失勢。

在這個過程中，日本建立了明治新政府，開始將手伸進朝鮮半島。一八七五年，日本軍艦在江華島海域做出挑釁行為，引發軍事衝突。日本趁此機會強迫朝鮮王朝開國。日本武力興盛，朝鮮王朝不敢不從。

隔年，日本與朝鮮王朝簽訂修好條約，朝鮮王朝被迫開國。之後，朝鮮王朝陸續與美國、法國、俄國簽署通商條約。但這些都是在武力恫嚇下簽訂的不平等條約，可說是朝鮮王朝外交上的大挫敗。

一八八二年，興宣大院君發動政變，推翻了掌握政權並推動開國政策的明成皇后。後來，明成皇后在大清的幫助下捲土重來，再次奪回王朝內部的主導權。這個結果也讓大清勢力在王朝內達到了最高峰。

開化派對此感到強烈不滿，他們主要是由受到明治維新與福澤諭吉影響的親日派組成。開化派於一八八四年發動政變，成功控制王宮一段時間，隨後又在大清軍隊的介入下退敗，此短暫政權史稱「三日天下」。

朝鮮半島無論內政或外交都陷入混沌狀態。一八九四年，農民抗議重稅引發內亂甲午農民戰爭（東學黨之亂），此事使得在朝鮮半島爭權奪利的日本與清朝產生衝突，成為中日甲午戰爭的導火線。

甲午戰爭中，日本戰勝清朝，將清朝勢力趕出朝鮮半島。原本仰賴清朝的明成皇后轉而向俄國靠攏，日本察覺明成皇后的動向，於一八九五年暗殺明成皇后。

高宗擔憂自己也會遭到暗殺，一八九六年二月躲進俄國公使館尋求庇護，以討伐逆賊之名逮捕親日派大臣，處以嚴厲刑罰。一年後高宗回到王宮，一八九七年十月改國號為「大韓帝國」，自行稱帝。

俄國成為大韓帝國的後盾，這讓日本感到危機，日俄對決的態勢日漸明朗。一九〇四年二月爆發日俄戰爭，日本戰勝此役，於一九〇五年十一月奪取大韓帝國的外交權，更在首都漢陽設置統監府干涉內政。最後高宗決定採取非常手段，派遣密使參加在荷蘭海牙舉行的萬國和平會議。

韓國密使向國際列強訴求日本干政的不正當性，無奈以失敗告終，高宗被迫退位。下一任皇帝純宗已毫無實權，只能聽從日本的指示。最後，終結朝鮮王朝的關鍵日子終於到來。

一九一〇年八月二十二日，日本與大韓帝國簽訂《日韓合併條約》。主要內容是大韓帝國的皇帝將所有統治權讓渡給日本。

七天後公布條約，國號「大韓帝國」消失，只剩地名朝鮮。日本設置朝鮮總督府取代統監府，展開以武力統治朝鮮的時代。自此，朝鮮王朝正式滅亡。

此外，一九一九年，高宗六十七歲薨逝。純宗也在一九二六年賓天，享年五十二歲。朝鮮王朝歷經二十七位君主，一九二六年最後一位君主升遐，從「血脈相傳」的意義來看，朝鮮王朝已經完全消失在這個世界上。

十二、王朝為何滅亡？

朝鮮王朝延續了五百十八年，相當於歷經日本的室町時代、戰國時代、江戶時代與明治時代。

朝鮮王朝為什麼可以存在這麼久的時間？

最大的原因是鮮少內亂。雖然有幾次在局部地區發生的內亂，但並未向外蔓延，不足以動搖王朝國本。由於這個緣故，中央可以貫徹政權，徹底統治國內各地。

歷史學者也從學術觀點分析這個問題，我個人認為負責維持政權的官員素質優越、才幹卓著，才是朝鮮王朝如此長壽的原因。

朝鮮王朝重視學問知識，整個社會都很尊敬學識淵博的文人。他們貫徹「文治」重於「武學」。凡是通古博今的優秀人才都能出人頭地，進入朝廷擔任高官，實施最適合國情的統治策略。不僅如此，王朝也建立了完整的行政體制，中央政權的指令可以充分下達地方。若無優秀官僚，絕對無法談論五百十八年長壽王朝的奧祕。

不過，重文輕武的做法也有缺點。那就是「黨爭」。大臣們以自己的方式解讀儒教思想，用以支持自己的主張與觀點，與敵對勢力爭論不休，僵持不下。因捲入黨爭而失勢或判死的人不計其數，「黨爭」可說是朝鮮王朝最大的毒瘤。

在太平時期，即使有「黨爭」紛擾，也不至於動搖王朝根基。但是當全世界在十九世紀以後走向霸權主義，這項缺點就成為最大的致命傷。

當時的世界究竟發生了什麼事？

由於政治家輕忽世界情勢的演變，整天忙著爭權奪利，使得朝鮮王朝逐漸受到外國列強的侵擾。只能說朝鮮王朝的組織與制度無法因應瞬息萬變的時代，這或許是儒教價值觀培養出來的文人官僚最大的盲點。

外界認為高麗王朝滅亡的原因之一是「佛教過度介入政治」，套用在朝鮮王朝上則是「儒教過度介入政治」。從各種層面來看，朝鮮王朝可說是「附著在儒教核心的國家」。

第四章

關於朝鮮王朝，我想了解更多！

此處一直維持著原有樣貌，現代人與江戶時代訪日的朝鮮通信使看到的景象幾乎相同。各位知道這裡是哪裡嗎？

一、善鄰外交之要「朝鮮通信使」

朝鮮王朝於一三九二年創立，最初的兩百年外交和平安順。此安穩態勢直到一五九二年日本豐臣軍登陸釜山而告終，往後六年，朝鮮半島戰亂不斷。一五九八年，豐臣秀吉逝世，朝鮮王朝終於恢復平靜。

地點拉到日本，一六〇〇年德川家康在「關原之戰」取得勝利，從豐臣家手中奪取政權，一六〇三年創立江戶幕府。

德川幕府的正統性一直備受質疑，外界認為「德川家是從豐臣家奪取政權」，沒有正式地位。

德川家康必須想辦法證明德川政權的正統性，其中一種方法是外交，也就是讓外國承認他的政權。於是，德川家康開始想要改善日本與朝鮮王朝之間的關係。

他之所以這麼做，其實還有一個不得不的考量。德川幕府剛創立，國內基礎還不穩固，朝鮮王朝對日本積怨頗深，他不希望節外生枝。基於上述種種原因，德川家康邀請朝鮮王朝「派遣通信使造訪日本」。

朝鮮通信使訪日

※ 人員總數有不同說法

	年度	正使	目的	人員總數
1	1607 年	呂祐吉	送還俘虜	467
2	1617 年	吳允謙	修好兩國關係	428
3	1624 年	鄭岦	祝賀家光襲職	300
4	1636 年	任絖	祝賀太平	475
5	1643 年	尹順之	祝賀家綱誕生	462
6	1655 年	趙珩	祝賀家綱襲職	488
7	1682 年	尹趾完	祝賀綱吉襲職	475
8	1711 年	趙泰億	祝賀家宣襲職	500
9	1719 年	洪致中	祝賀吉宗襲職	475
10	1748 年	洪啟禧	祝賀家重襲職	475
11	1764 年	趙曮	祝賀家治襲職	472
12	1811 年	金履喬	祝賀家齊襲職	336

朝鮮王朝也希望日本儘早將那些被擄至日本的朝鮮人民釋放回來。

因此，朝鮮王朝接受德川幕府的邀請，一六〇七年派遣回答兼刷還使前往日本。顧名思義，這位使節的任務就是回答「邀請」順便「刷還」（帶回俘虜）。

室町時代，朝鮮王朝派了好幾次朝鮮通信使到日本，十五世紀後期就斷了，這次是睽違一個半世紀後，雙方使節再次恢復往來。

朝鮮王朝原本就對德川家康抱持好感，豐臣秀吉曾經要求德川家康出兵攻打朝鮮，但家康沒有同意。加上德川家康是從朝鮮王朝最恨的豐臣家奪取政權的人，所謂「敵人的敵人就是朋友」，所以王朝內部的人比較喜歡德川家康。

就這樣，德川幕府與朝鮮王朝開始締結外交關係，江戶時代總計有十二次朝鮮通信使造訪日本的紀錄。

第一次派遣的使節是回答兼刷還使，第四次是祝賀太平，第五次是慶祝德川家誕下嫡子。第六次以後都是祝賀將軍襲職。形成慣例後，朝鮮通信使的任務就是在將軍職務異動時前往祝賀。順帶一提，前十一次朝鮮通信使都踏上了江戶的土地；最後一次，也就是第十二次派遣的朝鮮通信使，只到對馬海峽就回頭了。從此之後，兩國的情勢變得詭譎多變。

二、朝鮮通信使是什麼樣的使團？

接著來看一下江戶時代造訪日本的朝鮮通信使全貌。

朝鮮通信使分成正使、副使與從事官等正式的三使，加上其他隨行人員，整個使節團約莫四到五百人，往來於漢陽（現在的首爾）與江戶之間。

隨行人員包括口譯、製述官（書記官）、武官、醫師等，以及負責管理禮物、運送的人員和大量船員。

通信使的路線是從漢陽經過陸路前往釜山，再乘船經由海路從大阪登陸。沿著淀川前往京都，再經由陸路抵達江戶。回程則是同樣的路線反向行走，來往過程中的護衛和接待，則由沿途各藩負責。

由於使節團相當龐大，各接應點支出的應酬費用十分驚人。這項費用造成各藩和幕府極大負擔。

以福岡藩為例，一六八二年為了整備停靠港藍島的設備，藩主派了三千五百人修繕。不僅如此，還興建二十四間供使節團住宿的宿舍，準備五百艘船舶，用來護衛或拖曳使節團的船隻，以及超過三千名水伕。不用多說，招待的餐點更是極盡奢華。

所謂輸人不輸陣，各藩之間開始互別苗頭，爭相砸大錢招待朝鮮使節團。每次只要朝鮮通信使造訪日本，各藩大名就做好荷包失血的準備。迎接外國使節是很榮耀的事情，花再多錢也不足惜。

此外，招待使節可以透過學問、書籍、繪畫，達成國際交流的目的，這一點相當吸引人。不說別的，光是一大團外國人走在路上的光景，就足以讓人嘆為觀止。

三、探索過往足跡

日本傾國家之力歡迎朝鮮通信使，朝鮮王朝又是如何接待日本使節的呢？

外交的基礎是相互往來，但兩國使節的待遇相當不平等。朝鮮通信使每次都是直抵江戶，但日本使節總是滯留在釜山，王朝內部拒絕他們進入漢陽。

朝鮮王朝這麼做是有原因的，當初豐臣軍進攻朝鮮半島，就是走過去室町時代使節往來的路線。有了這個前例，朝鮮王朝才會刻意在釜山接待日本使節，他們很害怕讓日本摸清國內的情勢。由於這個緣故，兩國接待對方使節的規模差距甚大。

不平等的待遇阻礙了日本了解朝鮮王朝的機會，不可否認的，這一點也是明治政

從鞆之浦的福禪寺眺望的瀨戶內海景色，朝鮮通信使也欣賞過同樣的景色。

府提出征韓論的原因之一。

姑且不論這一點，德川幕府與朝鮮王朝維持良好關係。一六〇七年，第一次來訪的朝鮮通信使請求與當時已經隱居的德川家康見一面，最後改變預定行程，回程時特地造訪家康。

當時家康在駿河灣的船上熱烈招待朝鮮通信使，兩國的友好氣氛達到最高峰。

由於過去種種淵源，朝鮮通信使十分尊敬家康，家康死後還到日光東照宮，按照儒教儀式進行祭拜。日光東照宮至今還掛著朝鮮王朝贈送的鐘與燈籠。

一般將江戶時代稱為「鎖國時代」。當時只開放長崎對中國與荷蘭通商，不

福禪寺裡掛著「日東第一形勝」的匾額。這是一七一一年訪日的朝鮮通信使從事官（相當於警官）李邦彥親筆揮毫。

過，日本與朝鮮王朝有正式的邦交關係。「日本與朝鮮半島的友好關係維持超過兩百六十年」，這一點對兩國歷史具有相當重要的意義。最大的象徵就是朝鮮通信使。

朝鮮通信使最常去的地方是廣島縣的鞆之浦和靜岡縣的清見寺。

鞆之浦的福禪寺是朝鮮通信使住宿的地方，從此處眺望瀨戶內海的景色十分優美，使節團的人員無不讚嘆此地美景。福禪寺還掛著朝鮮通信使留下的「日東第一形勝」匾額。

鞆之浦的海岸公路狹窄，交通不便，廣島縣政府曾經計畫沿著海岸興建繞道公路，而且即將動工。但如果真的興建，絕

清見寺山門上的「東海名區」四個字是一七一一年訪日的朝鮮通信使隨員玄錦谷的字跡。

色美景將毀於一旦。

最後，廣島縣政府決定「取消」興建計畫，保留了迷人的景色。現在只要前往當地，就能看到跟當年朝鮮通信使讚嘆的美景一模一樣的景緻。不僅如此，福禪寺還將朝鮮通信使揮毫的漢詩做成匾額懸掛，只要去福禪寺就能看到。

除了鞆之浦之外，朝鮮通信使團也同樣喜愛清見寺的美景。三保的松原景觀想必十分優美。

遺憾的是，現在那一帶只能看見沿海興建的工廠，讓朝鮮通信使讚嘆不已的美景早已不復見。

更糟的是，東海道本線通過清見寺的

清見寺掛著許多朝鮮通信使寫的匾額。

正門後方，鐵道將寺院境內分成兩區，這個景象令人難以形容。

儘管如此，清見寺是很莊嚴的寺院，保留許多朝鮮通信使的文字資料，這些都是十分珍貴的文獻。對朝鮮通信使感興趣的讀者，不妨造訪輞之浦與清見寺。

四、王朝與幕府的儒教價值觀

朝鮮通信使的主要使節都是科舉考試（錄取與任用官員的考試）的中第文人，而且是受到王朝重用的菁英官僚。他們以儒教禮儀對待日本賓客。

度，儒教教義對統治階級來說是很適合的精神支柱，可以有效率地統治社會。朝鮮通信使促成兩國交流也有助於分享彼此的儒教價值觀。總而言之，只要愈推崇儒教，朝鮮王朝與德川幕府之間就更容易溝通。

不過，這麼做也有缺點。儒教禮制過於嚴格，即使只是舉行某個儀式，兩國之間也會爭論不休。

為了改善這一點，十七世紀前半活躍於德川幕府的新井白石（一六五七～一七二五年），認為幕府應該改革對待朝鮮通信使的方式。

新井白石覺得問題最嚴重的地方在於朝鮮通信使稱德川將軍「大君」，他認為「大君在朝鮮是對政要的稱呼，不適合用在德川將軍身上」。

事實上，新井白石的說法也有誤解之處。朝鮮王朝的大君指的是君王正室生下的男子，並非對政要的稱呼。

無論如何，新井白石認為朝鮮王朝此舉表現出輕視德川家的態度。朝鮮王朝接受日本的抗議，從此之後改稱德川家為「日本國王」。但由於日本國內還有天皇，因此這個稱呼也在日本國內物議沸騰。

各位都知道，朝鮮王朝的國學是儒教。儒教有許多教義，朝鮮王朝採用的是誕生於中國宋朝的朱子學。

在朱熹出現之前，儒教多偏向條列式的教誨，朱熹將儒教統整為帶有哲學思想的體系，形成朱子學。這個做法使得儒教教義充滿觀念性，每個人都能以自己的方式解讀。

朝鮮王朝成立之前，朝鮮半島由高麗王朝統治，高麗王朝的創立者王建臨終前曾強調要注重佛教。受此影響，高麗王朝十分保護佛教，賦予寺廟權力，僧侶人數日益增加。

結果導致寺廟與僧侶坐擁大量土地和奴婢，佛教干政成為王朝覆滅的原因。朝鮮王朝為了肅清高麗王朝的「餘孽」，特地將國教從佛教改成儒教。

在日本，德川家康為了穩定幕府現況，確立士農工商的身分制度，居於統治階級的「士」必須具備「忠」的精神。

此外，為了確立身分制度，穩定武家社會，德川家康也以儒學為官學。

簡單來說，朝鮮王朝與江戶幕府具有同樣的儒教價值觀一七一九年，為祝賀第八代將軍吉宗就任，朝鮮通信使再次造訪日本。當時擔任朝鮮通信使書記官的申維翰，與對馬藩負責口譯的雨森芳洲之間爆發激烈口角。

雨森芳洲抗議「朝鮮王朝的書籍稱日本為『倭賊』，這是一種輕蔑的稱呼」，申維翰則辯解「那是壬辰倭亂（萬曆朝鮮之役）後出的書，當時的受害情緒與傷痕都還歷歷在目」。壬辰倭亂在日本被稱為文祿慶長之役。但雨森進一步指出「即使是壬辰倭亂之前出的書也是這麼寫的」。

這只是冰山一角。德川幕府與朝鮮王朝之間對於「禮」的看法分歧，爭論不休，甚至引發頻頻竄改外交文書（國書）的狀況。由於儒教價值觀過度注重格式，因此兩國之間一再發生這類小衝突。

不過，從宏觀的角度來看，兩國對於彼此維持友好關係的看法是相同的。雨森芳洲更在著作中頻頻強調「善鄰友好關係」的重要性。

一九九〇年訪日且在國會發表演說的南韓前總統盧泰愚大力讚揚雨森芳洲的功績，他認為雨森芳洲積極與鄰國維持友好關係的做法，可謂現代的典範。

五、王朝的外交研修

日本列島與朝鮮半島之間過去已交流兩千多年，其中以德川幕府與朝鮮王朝的善鄰友好關係最值得注目。兩國政府都意識到與鄰國交流的重要性，於是互相派遣使節，加深彼此信任。

兩國的關係充滿各種不幸的歷史，但從一六〇七年朝鮮通信使開始訪日，到一八六八年德川幕府終結的兩百六十一年間，兩國關係真的很好。考量目前的日韓關係，那段時期可說是最好的「努力目標」。

雨森芳洲在自己的著作《交鄰提醒》中如此寫道：

「與朝鮮來往時，首先一定要了解對方的人情與社會，尤其應看清本質，面對各種事情都要妥善處理。」

「日本與朝鮮的風俗不同，興趣嗜好也不一樣。若不了解這一點，以日本人的習慣和朝鮮人來往，最後一定會產生摩擦。」

「以前有個（日本）人問朝鮮國王在庭院裡種什麼植物？（翻譯官）朴僉知回答『種

麥子』，沒想到提問者竟然拍手嘲笑『真是個小鼻子小眼睛的國家啊』，朴僉知原本應該在想『連貴為國王都不忘務農，這是自古以來君主的美德，相信日本人一定會很敬佩』，所以才會這麼回答，不料卻被嘲笑。由此可見，無論面對什麼事情，做功課（了解對方）很重要。」

「天和二年（一六八二年）朝鮮通信使來訪時，（使節團）看到日本的行道樹都是古樹，而且樹枝與葉片絲毫無傷，不禁大為讚嘆『貴國的法令相當嚴謹』。日本方面其實是想展現日光與大佛的壯觀景色，沒想到對方不在意這些，反而注意到日本人忽略的行道樹。看來我們有必要了解朝鮮與日本（彼此）推崇什麼。」

「關於誠信之交，每個人都有自己的觀點，但大多數人不理解字面的意義。誠信是『真實的心』，彼此不欺騙、不爭奪，以最真的一面來往就是誠信。」

讀完這篇文章即可得知，出於一六六八年、歿於一七五五年的雨森芳洲，在當時肯定是最傑出的外交家。他舉的例子很具體，也很清楚兩國風俗上的不同之處。

如今不少到日本旅遊的韓國人，對日本印象最深刻的地方就是「街道很乾淨」。這與三百多年前，朝鮮通信使讚嘆「行道樹很美」是同一件事。

另一方面，日本人聽到「（朝鮮王朝的）國王在庭院裡種麥」就語帶嘲諷的這段故事，頗有看輕對方的意圖。朝鮮通信使寫的文件書信，也有不少蔑視日本文化的內容。一旦缺少尊重對方的態度，就無法真正理解彼此。

朝鮮通信使在江戶時代總共訪日十二次，這些經驗足以讓朝鮮王朝的大臣們了解，鄰國有一個與自己的價值觀截然不同的世界。朝鮮通信使可說是朝鮮王朝研習外交的重要媒介。

六、官僚任用考試「科舉」

朝鮮通信使都是由王朝高官擔任，他們看到江戶時代的日本，感受最深刻的事情之一就是「日本官職大多是代代相傳」。朝鮮王朝只有王是世襲，輔佐君王的官職全都是由科舉合格的官僚擔任。科舉制度對朝鮮王朝相當重要。

朝鮮半島的科舉是以中國的科舉制度為原型，從八世紀統一新羅時代開始實施，高麗時代則固定採用科舉制度作為任用官僚的方法。一三九二年成立朝鮮王朝，進一步貫徹科舉制度，拔擢有助於統治國家的優秀人才。

不過，考上科舉的幾乎都是兩班子弟。兩班是各地方擁有土地與奴婢的貴族階級，家督雖為世襲，但沒有官職就無法享受榮華富貴。想當官必須考上科舉，因此兩班子弟無不勤勉向學。

現在的韓國是個極度注重學歷的社會，大學升學率超過八成。韓國之所以如此重視學歷，受到朝鮮王朝時代科舉制度的影響是最大的原因。

在韓國，報考大學的考生必須參加十一月全國同時舉行的修能考試（修學能力測驗），這場考試決定考生是否能考上理想大學。日本也有全國統一舉行的「入學考試中心測驗」，但基本上是由各大學舉行基本的入學考試。不過，韓國只有修能考試，一場大考決定未來命運。

所有考生同時參加一場大考決定勝敗，這個型態與科舉極為類似，可見其影響之深遠。

言歸正傳，朝鮮王朝時代的科舉是成為高級官僚的康莊大道，其最核心的科目是

「文科」，相當於現在大學的熱門科系。其他還有「武科」與「雜科」。如果想出人頭地，一定要選「文科」。由此可見，朝鮮王朝的特色就是重「文」輕「武」。

原則上科舉考試三年舉行一次。想考上科舉，一定要熟記中國的古典著作，還要充分理解儒學（朱子學）。實際考試時，考生對儒教教誨的理解程度是最重要的計分標準。

科舉考生必須先通過各地舉行的「初試」，接著參加在都城舉行的「複試」。複試合格者還要參加君王親自主持的「殿試」。以上是科舉考試的流程，基本上只要通過「複試」就算是考試合格。

有時也會舉行臨時考試，但合格者變多可能錯失擔任理想官職的機會。遇到僧多粥少的情形時，賄賂買官的情形就變得相當嚴重。

話說回來，只有兩班的男性才能報考科舉的「文科」。當政權內部派系鬥爭白熱化，勢力較強的高官後代就會受到禮遇，考生作弊的情形屢見不鮮。基本上，朝鮮王朝的科舉不能算是公平的考試。

一八一八年，王朝最高學府成均館的高官以「科舉八弊」為題舉發彈劾科舉，其中最常見的作弊行為為以下八項：

抄襲他人文章
帶參考書進入考試會場
帶可疑人士進入考試會場
偷換答案卷
交卷時交的是在會場外事先寫好的答案卷
考前已知道考題
找槍手代考
寫文章時作弊

綜觀上述內容，一般人想得到的方法幾乎都入列了。許多人利用上述方式作弊考上科舉，晉升高官，以至於政權內部賄賂橫行。姑且不論這一點，考上科舉擔任官職之後，每個人都因主張自己的儒教理論，與敵對勢力爭辯不休。這也是朝鮮王朝的最大弊病「黨爭」的形成主因。

十七世紀後半，第十九代君主肅宗在位期間，黨爭達到最激烈的高峰。

看過韓劇《同伊》的讀者一定不陌生，這個時代正是張禧嬪在幕後操控的時期。張禧嬪利用黨爭為自己取得有利的地位，最後還成功當上王妃。儘管算計過頭讓自己面臨死罪，但她的例子告訴我們，只要是有心出頭的女性，也能輕易操弄考上科舉出人頭地卻不食人間煙火的菁英分子。

七、朝鮮王朝顧忌中國的程度

包括科舉制度在內，朝鮮王朝有許多事物制度都是自中國學習得來。事實上，「朝鮮」就是中國取的國號。

時間拉回王朝創立時期，第一代君主李成桂秉持「小國不可忤逆大國」的基本方針，一三九二年創立新的王朝時，立刻選了幾個國號。

最後出線的是「和寧」與「朝鮮」這兩個國號，前者是李成桂的故鄉，後者則是西元前就存在的古國國名。

儘管只剩最後一步，李成桂卻不急著自行決定。他反而請教統治中國大陸的明朝皇帝，問他覺得「哪個國號比較好？」。

中國大陸與古朝鮮國淵源頗深，明朝皇帝認為使用朝鮮這個國號，較容易展現自己的影響力，因此回覆李成桂「朝鮮」比較好。新王朝的國號就這麼確定下來。

順帶一提，現代學者將西元前存在的朝鮮稱為「古朝鮮」，與朝鮮王朝區隔開來。

在東亞的勢力版圖中，最頂端的統治者天子（皇帝）只有一人，這是中華思想的根本。

換句話說，整個東亞使用「皇帝」這個稱號的只有中國，中國周邊各國的領導人僅能稱「王」。在此情形下稱呼的「王」比皇帝低一階。

由於彼此國力相差懸殊，朝鮮王朝忌憚中國，不敢自稱「皇帝」，而是稱「王」。

各位不妨回想一下韓國歷史劇的其他人物是如何稱呼王的？

在以高句麗為背景的戲劇中，臣下稱王為「陛下」，韓文是「폐하」。基本上發短音，但口語習慣發長音。在那個時代，高句麗與中國唐朝處於競爭對立的立場，反對中華思想，因此完全不須顧慮中國的想法。高句麗的「王」等於「皇帝」，所以臣下稱呼王為「陛下」。

另一方面，以朝鮮王朝為舞台的歷史劇中，臣下稱王為「殿下」。殿下的韓文是「전하」，說話時語尾會拉長音。

由於朝鮮王朝的國號是中國的明朝決定的，因此朝鮮王朝十分在意明朝的想法。有鑑於此，朝鮮王朝的君主以比皇帝低一階的「王」自稱，所以臣下才會稱呼自己的君主為「殿下」而非「陛下」。

十七世紀以後，清朝取代明朝統治中國，但朝鮮王朝尊敬中國的態度始終沒變。雖然一開始也曾反抗，但屈服於清朝大軍後，朝鮮王朝便沒再反對過清朝的意見。當然，朝鮮王朝的君主也不可能自稱皇帝，而是稱呼降一級的「王」。

欣賞韓國歷史劇會發現朝鮮王朝接待中國使節的待遇都異常優渥，以《大長今》

為例，不僅端出極其奢華的宮廷料理招待中國使節，應對時的態度也極其慎重。朝鮮王朝之所以這麼做，是有不得不的原因。

朝鮮王朝派遣朝鮮通信使與日本的德川幕府維持良好關係，兩邊是以「朝鮮國王」與「日本國王」的身分交流。由於是平等互惠，因此朝鮮王朝舉國上下都很贊同這樣的外交關係。

直到一八六八年德川幕府瓦解，日本組成明治政府，這一切才風雲變色。明治政府向朝鮮王朝發文通知日本建立了新政府，卻是以「天皇」的名義告知。

對朝鮮王朝來說，「天皇」相當於「皇帝」。換句話說，稱呼「國王」的朝鮮王朝地位比日本低一級。不僅如此，通知文告上還使用「敕」這個字。

「敕」原本指的是天子詔書，使用這個字代表日本完全將朝鮮王朝踩在腳下。

受到儒教思想影響，朝鮮王朝有根深蒂固的順序觀念，無法接受這封通知文告。再者，明治政府是打倒與朝鮮王朝交情良好的德川幕府才成立的。從這個觀點來看，朝鮮王朝討厭明治政府也是合情合理之事。日韓兩國維繫了兩百六十年的友好關係就此告終。

隨著時間過去，朝鮮王朝與中國的關係也開始發生變化。起因是一八九四年的中日甲午戰爭。中國的清朝在此役戰敗，失去了對朝鮮王朝的影響力。

從此之後，朝鮮王朝再也無須顧慮清朝的想法。一八九七年，第二十六代君主高宗自稱「皇帝」，改「朝鮮」國號為「大韓」。

總而言之，朝鮮王朝變成大韓帝國。可惜命運多舛，大韓帝國存在的時間實在是太短暫了。一九一〇年日韓合併，朝鮮王朝結束了五百十八年的歷史，大韓帝國也跟著滅亡。

八、王朝三大妖女的表裡面向

從地政學來看，朝鮮半島可說是處於最危險的地理位置。朝鮮半島西臨中國、北靠俄羅斯、東邊還有日本，四周強國環繞。既然如此就更應該加強國防實力，無奈朝鮮王朝內部派系鬥爭不斷，根本無暇顧及內政與外交。

從十九世紀後期被迫進入弱肉強食的現實世界，最後還成為殖民地。之所以會有這個結果，絕大部分的原因是王朝內部對於自己處於霸權主義侵襲高風險地帶的認知不足。這個責任要算在負責統治國家與執行政務的男人身上。

另一方面，朝鮮王朝的女性從小生活在極度重男輕女的社會裡，她們必須想盡辦法活下來。事實上，韓國歷史劇便描寫過不少將男人玩弄於股掌之間的女性故事。其中最知名的是「朝鮮三大妖女」。

這三人分別是張綠水、鄭蘭貞與張禧嬪。

她們究竟是什麼樣的女性？

首先，就從張綠水開始說起。她是朝鮮王朝歷史中，評價最差的第十代君主燕山君的側室。張綠水具有強烈貪念，凡是宮中寶藏都想據為己有。朝鮮王朝在燕山君的治理下早已千瘡百孔，張綠水讓現況更加惡化。大臣們對燕山君積怨已久，於是發動政變推翻燕山君的政權，將燕山君逐出王宮。痛恨張綠水的人更是毫不留情地攻擊她，最後將她斬首。

據說憤怒的百姓們一直拿石頭丟張綠水的遺體，最後丟出一座石塚。相信她絕對是朝鮮王朝中最令人厭惡的女性。

另一方面，鄭蘭貞是第十一代君主中宗的第三任正妻文定王后的心腹。文定王后為了讓自己的兒子登上王位無所不用其極，鄭蘭貞就是負責執行陰謀的爪牙。在韓國創下收視佳績的歷史劇《女人天下》就是以鄭蘭貞為主角，她可說是家喻戶曉的妖女。

在《女人天下》中飾演鄭蘭貞的是重量級女演員姜受延，光憑這一點就已掀起討論話題。

此外，歷史上真實存在的鄭蘭貞憑藉文定王后的寵信在後宮為所欲為，是最典型的妖女範例。她為了當上文定王后親弟弟尹元衡的正室，不惜與尹元衡共謀殺害元配。

不料一五六五年文定王后去世，失去後盾的鄭蘭貞立刻失勢，落得被迫自盡的下場。

最後一位介紹的是張禧嬪。本書在前方章節也曾提及張禧嬪，她是第十九代君主肅宗寵愛的妾室，善於運用權謀，從一介小小宮女爬上至尊的王妃地位。

不過，當上王妃的張禧嬪卻失去肅宗的寵愛，被降為妾室。即使如此，她仍一心想重回后位，不惜以巫蠱之術詛咒王妃，最後東窗事發被判處死罪。

張禧嬪可說是韓國歷史劇中最常出現的反派角色，業界甚至流傳「不知道演什麼就演張禧嬪的故事」的說法，張禧嬪的戲劇性由此可見一斑。知名女演員李素妍在連續劇《同伊》中飾演張禧嬪，她以知性的演出風格詮釋角色，令人印象深刻。

以上三人並稱為「朝鮮三大妖女」。儘管如此，她們都是從身分低微的社會底層往上爬，為了達成目的才染黑雙手。若真要說，那些原本就在政權核心的女性才是名符其實的妖女。

舉例來說，文定王后為了肅清政敵殘殺不少人；第二十一代君主英祖的繼妃貞純王后以敵對勢力多為天主教徒為由，發動慘絕人寰的屠殺事件。

不僅如此，第二十三代君主純祖的正妻純元王后任由外戚干政，危及王朝命運。外戚干政也成為朝鮮王朝衰敗的主要原因。

張綠水、鄭蘭貞與張禧嬪都是為了滿足私慾才做壞事。

文定王后、貞純王后與純元王后則是為了操弄王朝政治，不惜殺害政敵，犧牲庶民生活。

兩相對照之下，究竟誰才是真正的妖女？

九、王朝最美的公主

說完了妖女，現在來聊聊美女吧！

敬惠公主是公認「朝鮮王朝最美的公主」。

她是第五代君主文宗的女兒，弟弟是第六代君主端宗。

韓國歷史劇《公主的男人》就是以敬惠公主為主角，此劇使她成為韓國家喻戶曉的美麗公主。

即使是在宮裡出生的公主，十幾歲結婚後就必須搬出王宮。此時君王會為自己的女兒選擇名門出身卻沒有實力的男人，也就是俗稱的「貧窮貴族」。這麼做是為了避免實力堅強的駙馬爺覬覦王位，才刻意選擇毫無實權的貴族後代。

敬惠公主也不例外，她的夫婿是出身名門，卻毫無財力的鄭悰。後來發生了第七代君主世祖從侄子端宗手中奪取王位的事件，鄭悰深感憤慨，密謀推翻首陽大君（後來的世祖）。不料事情敗露，被判處流放罪，流放至各地。

當時敬惠公主已懷有鄭悰的小孩，世祖擔心留下後患，下令「如果生下男嬰就殺掉」。

另一方面，世祖的妻子貞熹王后在幕後斡旋，告訴內官：「殺死嬰兒太殘忍了，如果敬惠公主生下男嬰就偷偷送到我這裡來，由我來養育。」文宗是博學多聞的君王，貞熹王后想留下文宗的血脈。世祖要求內官殺掉男嬰，貞熹王后卻要內官將男嬰送到她的宮殿。敬惠公主後來果真生下男嬰，內官將一切告訴敬惠公主，一時之間敬惠公主也不知該如何決定。

敬惠公主想親自扶養孩子長大，但如果被世祖發現，她的小孩絕對沒有生還機會。多方考量之下，敬惠公主決定「相信王妃」，於是將兒子交給貞熹王后扶養。敬惠公主的兒子就在貞熹王后的保護下在宮中成長。

貞熹王后是個思慮周全之人，她讓敬惠公主的兒子在宮裡穿女裝，儘管多方保護，但最後還是東窗事發。

世祖得知真相後不僅沒有勃然大怒，反而十分疼惜敬惠公主的兒子。隨著時間過去，世祖早已改變心意，他還將敬惠公主的兒子取名為眉壽，希望這個小孩能健健康康地成長。

關於敬惠公主一家人的遭遇，鄭悰最後依叛逆罪求處極刑，被凌遲處死。

當時被處死的男性罪犯，其妻會被判為奴婢，敬惠公主也難逃此命運。

原是高高在上的公主，如今墜入社會底層……如同從最低微的身分一步步往上爬，最終成為王妃的劇情，這兩種都是韓國歷史劇最常見的故事發展。

敬惠公主備受屈辱，生無可戀，她原本想追隨夫婿的腳步自盡，但發生了一件事，讓她沒辦法結束自己的生命。她發現自己又懷孕了。

敬惠公主在當奴婢被使喚去做雜務時，她曾經高喊：「我是王的女兒！」即使身分改變，她的內心依舊高貴。敬惠公主過著規律自省的生活，最後生下一名女兒。

世祖雖將敬惠公主判為奴婢，但他後來於心不忍，恢復其公主的身分。不僅如此，還在王宮附近為她準備了房子。不過，敬惠公主婉拒了世祖的安排，決定剃髮為尼，貞烈的作風令人敬佩。

儘管如此，敬惠公主並不打算終身待在佛寺裡。四年後她還俗了，每天祈願受到夫婿極刑之累連坐的兒子與女兒能早日恢復清白之身。

她的祈願沒有白費，世祖同意敬惠公主的請求，赦免她的兒子與女兒的連坐之罪。一四六八年，世祖駕崩。

世祖才剛過世就有大臣上奏「逆賊鄭悰的兒子還活著，不符體制，無法給其他人交代，應處以死刑」。

由於世祖臨終前曾交代睿宗要幫助敬惠公主一家，因此繼任世祖王位的第八代君主睿宗沒有同意大臣的要求。

睿宗在位僅一年兩個月就驟逝，繼任者成宗才十二歲。按照慣例，由貞熹王后垂簾聽政。此時又有大臣根據「判處大逆之罪的罪犯兒子應在十五歲時處死」的法律，要求君主判處即將滿十五歲的眉壽「死刑」。

成宗抬出祖父世祖在世時的旨意，拒絕大臣的請求。

貞熹王后也明白拒絕大臣的上奏，甚至還說「以後再提此事者將嚴懲不貸」。貞熹王后不只保住眉壽的性命，還讓他位居要職，一路照顧他。

敬惠公主終於放下心中大石，於一四七三年安詳辭世。享年三十八歲。

這個故事還沒結束。敬惠公主的兒子眉壽後來成為朝廷高官，光耀門楣。敬惠公主的女兒和媽媽一樣漂亮，嫁入好人家裡，過著幸福快樂的日子。

《公主的男人》並非以敬惠公主為主線，描寫得不夠深入。世祖與敬惠公主為叔侄關係，兩人的緣分糾葛充滿戲劇性。

十、超級女主角「大長今」

聊完美女後，接著來看學有專長的天才女性吧！也就是韓國歷史劇《大長今》女主角的原型長今。

根據《朝鮮王朝實錄》的內容，長今是一名醫女。女醫師和男醫師的出身有極大不同。

朝鮮王朝時代的科舉制度有醫科，考上醫科者可以成為醫師，醫師中表現最優秀的人則可出任王的主治醫師。

醫女又是如何產生的呢？女性從事醫學相關工作的背景，與儒教息息相關。

朝鮮王朝時代嚴格實施儒教的生活規範，儒教認為人的身體很神聖，基本上無論是誰都不能任意露出自己的身體。

若是讓別人看到自己的裸體，那是最大的污辱，因此女性通常不讓男醫師診療。王妃也是女性，自然不希望被男人看到她的身體。

由於這個緣故，後宮需要診治女性的醫師，也就是醫女。第三代君主太宗在位時（十五世紀初），建立了完整的醫女選拔制度。不過，一般階級的女性不想成為醫女檢查別人身體。

因此，就從地位最低的賤民階級奴婢中遴選。由此可見，醫女在當時人們的心目中地位也不高。

到了第十代君主燕山君的時代，醫女被迫像妓生一樣在酒席上接待賓客。第十一代君主中宗時，為了避免擾亂風紀，禁止妓生兼任醫女。長今便是生存在這個時代的醫女，同時經常出現在《朝鮮王朝實錄》裡。

一起來看看《朝鮮王朝實錄》對於長今的描述。

一五一五年三月二十一日，長今第一次出現在《朝鮮王朝實錄》中，內容寫道：

「醫女長今醫功卓著，理應大肆表揚，可惜闖下大禍，至今未曾表揚。」

翌日，一五一五年三月二十二日的文章中寫著：

「醫女長今的罪過比何宗海嚴重。王妃生產後理應幫王妃換衣服，她卻沒做。這究竟是怎麼一回事？」

此處的王妃指的是中宗正室章敬王后。

當時章敬王后剛產下王子，也就是後來的第十二代君主仁宗，但王后誕下王子後就死了。

王妃生產時，醫女的職責應該就是在主治醫師的身邊幫忙，從事護理師的工作。例如幫忙換衣服之類……

長今就是在這個時候「闖禍」。長今應該幫產後的王妃換衣服，可是她沒換。

如此等同於怠忽職守，一定要問罪。

許浚是朝鮮王朝名聲最響亮的名醫，第十四代君主宣祖賓天時，他也遭到處罰。在那個年代，王或王妃死亡，主治醫師一定會被問罪。從這一點來看，「長今的罪也很重」。

不過，在此之後，長今還是維持醫女的身分繼續工作。考量章敬王后生下仁宗時，長今幫了不少忙，或許這就是中宗在章敬王后死後並未處罰長今的原因。中宗決定「雖不表揚，也不處罰」。

接著來看《朝鮮王朝實錄》一五二四年十二月十五日的內容：

「醫女大長今的醫術比其他人略顯出色，王特准她出入王宮看病。」

此時的名字多了一個「大」字，是為「大長今」。由此可以推論，長今在這個時候很可能是王的主治醫師。

在此之後，還出現王賞賜長今米與豆子的記述。長今頻頻受到表揚賞賜，可見已是一名十分出色的醫女。

一五四四年一月二十九日寫道：「王命令大長今與其他醫師們共同討論使用的藥劑。」普通醫女可以把脈、針灸，但不准調配藥物。長今可以調配藥物，由此可見她有多特別。

不僅如此，從一五四四年十月二十六日的記述，可看出中宗對她的信任程度：

「我的病況醫女（長今）知道。」

相傳被譽為韓國歷史劇巨匠的李丙勳導演閱讀《朝鮮王朝實錄》時，正在思考該以哪個角色為主角，看到中宗說的這句話大感驚喜，於是決定以長今為主角。

不過，若只有女醫生這條線，劇情容易顯得單薄。因此前半段設定長今是宮中女廚，後來被流放濟州島後學習醫術，再回到王宮裡擔任醫女。

《朝鮮王朝實錄》中提到長今的篇幅共有十處，光讀這些內容無法看出長今的全貌。她是個什麼樣的女性？具有什麼樣的個性？這些還是未解之謎。

這位謎樣的女性躍升韓國歷史劇的主角，多虧於此，不只是韓國本地，長今成為名揚全球的知名人物。

相信她做夢也沒想過，自己竟然會在五百年後成為世界各地家喻戶曉的歷史人物。長今究竟是誰？光想像這件事，就覺得了解朝鮮王朝的歷史真是有趣！

結語

歷史想告訴我們什麼？

我們又能在歷史中挖掘出什麼？

寫完本書後，我一直在思考這兩個問題。

長久以來日本人不熟悉朝鮮王朝的歷史，除非是學者或與朝鮮半島有所淵源的日本人，才會對朝鮮王朝感興趣。這是一直以來日本社會對朝鮮王朝的態度。

直到韓國歷史劇在日本受歡迎，這個現象才開始扭轉。

韓國歷史劇大多以朝鮮王朝為時代背景，相信許多日本人看過之後，第一個感想就是「因為完全不了解劇中描寫的人物與風俗習慣，所以感到很新奇，很想進一步了解」。

「完全不了解」正是關鍵所在。

了解自己不清楚的事情，可以刺激我們追求知識的好奇心。如此一來，我們就會發現韓國歷史劇裡，竟然隱藏著「不為人知的歷史」。

簡單來說，對喜歡韓國歷史劇的日本觀眾來說，朝鮮王朝的歷史簡直就像新大陸，是個重大「發現」。

既然已經發現新大陸，當然不能錯過。對朝鮮王朝感興趣的觀眾會開始閱讀相關書籍，解開所有疑問，進一步深入歷史世界。

沒有任何經驗比這個過程更令人感到暢快！

不可否認的，我們從韓國歷史劇看到的「歷史」，是從現在的眼光解讀。賦予角色個性且拍成影像的「歷史」，在觀眾眼裡看來總是璀燦絢麗。

當時人們的生活比我們想像得還要嚴酷，我們沒有看到這些真實面向，對於「只表現好的一面」的歷史抱持過度幻想。

然而，歷史原本就不該只是列出過去發生的事情。既然留存至今，我不希望歷史只是「化石」，我希望它是「活生生的生命」。即使它在學問層面是「化石」，我也希望作為現代人通識的一部分，歷史可以是「活生生的生命」。

歷史是活的。韓國歷史劇為了讓活在現代的我們更了解過去的歷史，特別融入新的元素。

各位請務必謹記這一點，以娛樂的心情盡情享受韓國歷史劇。

本書是以對朝鮮王朝感興趣的讀者為目標族群所寫的入門書。執筆過程中，我盡量以淺顯易懂的文字介紹這五百十八年發生的事情原委，一路維持的制度與習慣，以及生活在那個年代人們的言行舉止。

礙於個人文字表現的侷限性，部份內容或許有不足之處，但各位既然已經走進這個世界，請不要回頭，務必深入探索，絕對能「發現」更多讓你感到驚喜的刺激。最好的帶路人就是韓國歷史劇，衷心希望未來韓國還能製作出更多優質戲劇。

最後，我要再問一次：

「朝鮮王朝的歷史為何如此有趣？」

答案不只有一個，所有對朝鮮王朝歷史感興趣的人都有自己的見解。因此，誠心祈禱這個問題的答案將會愈來愈多。

康熙奉

〈朝鮮王朝五百十八年的歷史年表〉

一三九二年　高麗王朝武將李成桂成為最高權力者，逼迫高麗王退位。創立朝鮮王朝，成為第一代君主太祖，著手創設新法。

一三九三年　確定國號為「朝鮮」。這是西元前就存在的古國國名，以古國之名命名，帶有傳承的意義。

一三九四年　高麗王朝的都城為「開城」，太祖深感新王朝必須遷都到最適合的地方，尋找風水最好的地點。最後選擇充滿生命之「氣」的漢陽，此地也稱為漢城，最適合作為首都。現改名為首爾。

一三九五年　開始興建正宮景福宮，但正門位置未定，引發一場爭論。佛教僧侶主張「南方有火氣升起，正門朝東較適合」，儒教學者認為「王朝南方執行政務，才能讓王朝長長久久」。經過激烈爭辯，太祖決定大門「朝南」。此決定也暗示了朝鮮王朝以儒教為國教的態度，從此之後，王朝內部推動「崇儒排佛」，執行「尊重儒教，排斥佛教」的政策。

一三九六年 太祖的第二任正室，王朝成立時的王妃神德王后逝世。她的兒子芳碩被封為世子，是下一任君王的候選人，但在神德王后逝世後，王位繼承人之爭益發激烈。

一三九八年 太祖的兒子之間骨肉相殘。五子芳遠殺害了芳碩的輔政大臣，同時也是王朝最高功臣鄭道傳。之後還斷了芳碩繼位的後路，掌握所有大權。史稱「第一次王子之亂」。最後的結果是太祖退位，二子芳果即位，是為第二代君主定宗。不過，實權依舊在芳遠手上，定宗只是個傀儡。

一四〇〇年 太祖的四子芳幹覬覦王位，出兵叛變。公開反對芳遠的芳幹很快遭到鎮壓，流放外地，此為「第二次王子之亂」。芳遠為了避免王位繼承問題再次節外生枝，自己登基成為第三代君主太宗。

一四〇八年 隱居的太祖逝世，享年七十三歲。

一四一八年 太宗將王位禪讓給三子，第四代君主世宗誕生。不過，太宗仍以太上王的身分掌控軍方，依舊是王朝中權力最高的人。

一四二二年　太宗去世，名符其實的世宗時代終於展開。

一四四三年　在世宗的主導下，完成朝鮮民族固有文字「訓民正音」。訓民正音就是後來的「韓字」（한글）。

一四四六年　正式公布訓民正音。無奈特權階級延續偏重漢字的政策，訓民正音不如世宗預想的那麼普及（直到二十世紀之後，訓民正音才成為韓國真正的國語）。

一四五〇年　世宗五十三歲賓天，長子繼任為第五代君主文宗，即位時三十六歲。雖然學識淵博，但體弱多病。

一四五二年　文宗薨逝，長子第六代君主端宗即位。端宗即位時才十一歲，原本應由王族中輩分最高的女性攝政，但端宗的母親生下他就死了，沒有適合的攝政人選。

一四五三年　世宗的次子首陽大君毫不隱藏自己想奪取王位的野心，殺掉為端宗輔政的金宗瑞。接著發動政變，成功奪取政權。歷史上稱為「癸酉靖難」。

一四五五年　首陽大君逼迫端宗退位，自己成為第七代君主世祖。端宗雖為太上王，卻無任何實權。世祖將政權中樞的高官職務酬庸給幫助自己登上王位的心腹，他們獨霸政權很長一段時間，引起新進官僚極度不滿。

一四五六年　世宗的功臣成三問策畫政變，想讓端宗復位，可惜以失敗告終，首謀者全被處死。這六名忠臣的忠義之心感動後世，後人將他們奉為「死六臣」。

一四五七年　想讓端宗復位的舉動喚醒了世祖的警覺心，他將自己的侄子端宗降為庶民，再處以死罪。「悲劇君王」年僅十六歲就喪命。

一四六〇年　為統合朝鮮王朝的法律，開始編纂《經國大典》。

一四六八年　世祖五十一歲逝世。其長子早在十九歲時身亡，二子繼位為第八代君主睿宗。

一四六九年　睿宗十九歲升遐。在位僅一年兩個月。世祖的兩個兒子都在十九歲去世，民間盛傳「這是從侄子手中奪取王位的世祖所受的因果報應」。世祖的孫子即位，是為第九代君主成宗。世祖的正妻貞熹王后攝政。不過，影響成宗治世的關鍵人物是他的生母仁粹大妃（大妃為君王母親的尊稱）。

一四七九年　成宗的正妻尹氏遭廢。由於仁粹大妃在幕後操弄，成宗才會做出廢妃的決定。

一四八二年　廢妃尹氏判處死罪。此事引發日後的大屠殺事件。

一四八五年　從編纂開始歷經二十五年，《經國大典》終於完成。自此確定了各領域的法律制度，朝鮮王朝成為體制完備的法治國家。

一四九四年　成宗之後由燕山君繼位，為第十代君主。

一四九八年　燕山君出手肅清重視道義與名分的士林派諸大臣。史稱「戊午士禍」（「士禍」指的是受到派系鬥爭影響，許多官僚學者遭到殺害的事件）。

一五〇四年　與燕山君母親（尹氏）之死有關的所有人都遭到殘殺，已故者的墳墓都被挖開破壞。這就是歷史上知名的「甲子士禍」。

一五〇六年　朴元宗、成希顏、柳順汀等人發動政變，將燕山君逐出宮外。燕山君的異母弟晉城大君成為第十一代君主中宗。這場政變稱為「中宗反正」。「反正」原本的意思是「撥亂反正」，但在歷史上指的是「趕走惡王，新王即位」之意。

一五一九年　主導儒教賢人政治的趙光祖判處死罪。中宗是受惠於推動「中宗反正」成功的大臣們才能登上王位，因此他在大臣面前無法盡情發揮。為了做出一番事業，中宗原本將所有希望寄託在高風亮節的趙光祖身上。可惜其理念過於崇高，中宗敬而遠之，最後趙光祖中箭落馬。他的同伴大多也和他一樣，不是失勢就是被判處死罪。此事件稱為「己卯士禍」。

一五四四年　中宗五十六歲賓天。兒子繼位，成為第十二代君主仁宗。

一五四五年　仁宗在位僅九個月便駕崩。傳說他是被繼母文定王后（中宗的第三任正室）毒殺身亡。文定王后的兒子即位，是為第十三代君主明宗。文定王后攝政，大權在握，為所欲為。

一五六五年　獨霸政權，擾亂朝鮮王朝體制的文定王后逝世。

一五六七年　明宗薨逝，第十四代君主宣祖十五歲即位。

一五七〇年　儒教大學者李滉逝世。他就是知名的李退溪。現行韓國千元紙鈔上印著他的肖像。

一五七五年　負責維持朝鮮王朝政權的高官大臣出現嚴重的意見分歧，分裂成東人派與西人派。朝鮮王朝自此進入激烈的「黨爭」時代。

一五九一年　派至日本的使節歸國，向宣祖報告日本情勢。正使黃允吉認為「日本進攻的可能性很高」，副使金誠一卻直言「日本不會進攻」。當時政權的派系鬥爭以東人派占上風，金誠一屬於東人派，整個東人派都認可金誠一的見解。朝鮮王朝錯失強化國防實力的時機。

一五九二年　四月十三日，豐臣軍從釜山登陸，爆發壬辰倭亂（萬曆朝鮮之役。日本稱為文祿之役）。五月二日豐臣軍攻陷都城漢陽，宣祖第一時間向北逃亡，不顧身為君王的職責。儘管朝鮮王朝陷入困境，但水師將領李舜臣力挽狂瀾，成功退敵。

一五九八年　豐臣秀吉去世，壬辰倭亂落幕。李舜臣在最後一場海戰遭到流彈射殺，英勇戰死。

一六〇七年　朝鮮王朝與江戶幕府開始建立外交關係，第一任朝鮮通信使造訪日本。整個江戶時代造訪日本的朝鮮通信使共有十二任。

一六〇八年　第十五代君主光海君即位。

一六一〇年　許浚完成不朽醫書《東醫寶鑑》。

一六一四年　光海君的異母弟永昌大君遭到掌權派派出的刺客暗殺。這件事讓許多人對光海君不滿。

一六二三年　宣祖的孫子發動政變，將光海君逐出宮外，自己即位為王，是為第十六代君主仁祖。歷史上稱為「仁祖反正」。

一六二七年　勢力往南延伸的北方政權後金出兵三萬人攻打朝鮮王朝，最後達成和談。史稱「丁卯胡亂」（丁卯之役）。

一六三六年　後金改國名為清。發動超過十萬大軍再次攻打朝鮮王朝。由於戰力懸殊，仁祖無力抵抗，遷至都城南方的山城，籠城自守。史稱「丙子胡亂」（丙子之役）。

一六三七年　朝鮮王朝向清稱臣。仁祖跪趴在清朝皇帝面前謝罪，包括長子昭顯在內的仁祖兒子被帶回清朝，成為清朝的人質。

一六四一年　流放至濟州島的光海君逝世，享年六十六歲。將光海君逐出宮的仁祖一派將其形塑為「暴君」。但根據歷史研究，光海君在政治上的表現不算「暴君」，甚至該被稱為「明君」。他實施大同法（用米穀換算以實物繳納的稅制，使得庶民減稅、大地主加稅），發揮高超的外交手腕，成效卓著。

一六四五年　昭顯結束長年的人質生活，返回故國。由於大肆讚揚外國美好遭到仁祖冷落。此外，昭顯回國僅兩個月就去世，外界傳聞昭顯可能是遭到仁祖毒殺身亡。

一六四九年　仁祖五十四歲賓天。次子第十七代君主孝宗即位。他想為父親雪恥，誓言攻打清朝報仇。無奈國家財政困難，此事遲遲無法實現。

一六五九年　孝宗駕崩，兒子第十八代君主顯宗即位。不料遇到孝宗繼母的服喪問題，引發激烈「黨爭」。

一六七四年　顯宗駕崩，兒子第十九代君主肅宗即位。促進商業活動，政績卓著。

一六八九年　肅宗廢掉正妻仁顯王后。儘管眾大臣反對，肅宗還是一意孤行。仁顯王后返回娘家閉門自省。張禧嬪取而代之，成為王妃。她生下的兒子也被封為世子。雖然張禧嬪享盡榮華富貴，卻好景不常。肅宗開始寵愛妾室淑嬪崔氏，逐漸冷落張禧嬪。

一六九四年　肅宗表示「我受到奸臣挑撥才做出錯誤的處分」，向重臣們宣布自己將迎回仁顯王后。這代表必須將現任王妃張禧嬪降為側室。

一七〇一年　仁顯王后八月病死。復位王妃長達七年，可惜一直沒為肅宗誕下後代。後來淑嬪崔氏向肅宗告發，張禧嬪私設神堂，咒殺仁顯王后。肅宗在重臣面前嚴令：「她的罪行已昭然若揭，若不採取適當的方法處置，未來一定會後悔。為了國家著想，判張禧嬪死罪。」張禧嬪是世子的母親，基於這一點，所有大臣強烈反對肅宗的做法，但肅宗心意已決。最後，四十二歲的張禧嬪飲毒自盡。

一七二〇年　肅宗五十九歲升遐。其與張禧嬪生下的三十二歲兒子成為第二十代君主景宗。

一七二四年　景宗僅在位四年兩個月便薨逝，淑嬪崔氏的兒子成為第二十一代君主英祖。他從各派系公平地拔擢人才，推動政策，成效卓著。

一七六二年　英祖以素行不良為由處罰其子莊獻，將莊獻關進米櫃裡活活餓死，事實上，莊獻的死是受到激烈的派系鬥爭牽連。支持景宗的少論派與支持英祖的老論派相爭已久，英祖上台後老論派得勢，但莊獻與老論派不合。於是老論派亟欲除掉莊獻，將莊獻的言行舉止加油添醋地向英祖報告。莊獻死後，英祖感到十分後悔，追封他為「思悼世子」。

一七七五年　英祖以「氣力日漸衰退，難以執行政務」為由，希望莊獻的兒子攝政。此舉遭到許多大臣反對，英祖不惜出動軍隊壓制反對者氣焰，強行通過決議。

一七七六年　英祖八十二歲駕崩，莊獻的兒子繼位，是為第二十二代君主正祖。他做的第一件事就是肅清陷害父親莊獻的有關人士，連父親的妹妹與母親的親族也不例外。由此可見，敵人全在莊獻身邊。正祖即位後，敵對勢力仍未消滅，在幕後策劃暗殺集團潛入宮中的事件。在此情況下，正祖積極推動政治改革，打破身分藩籬，拔擢學富五車的人才。在政治、經濟與文化各領域創下許多成就。

一七八〇年　正祖最信任的洪國榮擁有極高權力，他計畫毒殺孝懿王后，在執行之前東窗事發。考量其過去的功績，正祖不殺他，只將他流放至鄉下了事。

一七九四年　思慕王父的正祖在其父親陵墓所在的水原，開始興建大規模城郭。兩年六個月後，完成圍繞六公里的堅固城郭。該處如今稱為華城，是世界文化遺產。

一八〇〇年　正祖四十八歲賓天。十歲兒子即位，是為第二十三代君主純祖。王族地位最高的女性貞純王后（英祖的第二任正室）攝政，以反對勢力多為天主教為由，大肆鎮壓天主教信徒。

一八〇五年　前一年退出政治舞台的貞純王后逝世。從此之後，純祖的正妻純文王后的娘家親戚安東金氏一族獨攬政權。外戚干政稱為勢道政治。

一八一一年　為了抗議政治腐敗，洪景來於十二月舉兵起義，短暫占領了朝鮮半島北部的廣闊地區。

一八一二年　洪景來率領的人民起義軍遭到王朝軍隊追擊，節節敗退。王朝軍隊在四月平定叛亂，洪景來戰死。

一八三四年　外戚干政，安東金氏將政權納入自己的囊中，純祖因此在失意中駕崩。他的孫子繼位，是為第二十四代君主憲宗。憲宗即位時只有七歲，由祖母純元王后攝政。

一八四九年　憲宗二十二歲猝死，在鄉下務農的白丁青年成為第二十五代君主哲宗。純元王后基於私心，不願大權旁落，強行通過此決議。

一八五七年　純元王后六十八歲逝世。她嫁給純祖共五十五年，包括王位繼承問題在內，為所欲為地操控朝鮮王朝的政治。

一八六三年　哲宗在自甘墮落的生活中死去，後來即位的君王是高宗。當時他才十一歲，他的父親興宣大院君是個很有才幹的人，成功拉下安東金氏一族。長達六十年左右的勢道政治就此落幕。

一八六五年　興宣大院君提議重建景福宮。由於花費頗大，只好加稅籌款，造成人民極大負擔。

一八六六年　興宣大院君執意鎖國，鎮壓天主教徒，引發九名法國神父殉教事件。法國政府起兵報復，短暫占領江華島。

一八七一年　美國入侵江華島。歐美列強紛紛展現軍事實力。

一八七三年　高宗的妻子明成皇后發動政變，逼退興宣大院君。

一八七五年　日本軍艦「雲揚號」在江華島海域做出挑釁行為，此舉衍生成軍事衝突。日本強迫朝鮮王朝開國。

一八七六年　日本與朝鮮王朝簽訂修好條約（江華條約）。此條約不僅否定朝鮮王朝與清朝之間的宗主關係，更明定「主要港口開港」、「推動自由貿易」、「日本領事擁有治外法權」等內容。朝鮮王朝從此邁向開國之路，後來又跟美國、法國、俄國等國家簽訂通商條約。不過，這些都是在武力恫嚇下簽訂的不平等條約。

一八八二年　朝鮮王朝自古以來的舊式軍隊軍官士兵抗議薪水遲發、待遇惡化，起兵造反，甚至攻擊日本公使館。此次內亂稱為「壬午軍亂」（壬午兵變），後來興宣大院君出面平定。不過，日本與清朝都出兵攻打朝鮮半島，兩國對立情勢日益加深。

一八八四年　親日派勢力發動政變，短暫控制王宮。但在清朝軍隊介入下結束，史稱「三日天下」。

一八九四年　農民造反（東學黨之亂／甲午農民戰爭）。此事又引發了中日甲午戰爭，同在朝鮮半島爭權奪利的日本與清朝大打出手。這場戰役最後由日本勝出，清朝退出朝鮮半島。

一八九五年　明成皇后遭到日本人暗殺。

一八九六年　高宗躲進俄國公使館尋求庇護，問罪親日派高官。從此在政治上親近俄國。

一八九七年　改國號為「大韓帝國」。高宗坐上第一代皇帝的寶座。在此之前，朝鮮王朝忌憚中國，不敢自稱皇帝，只敢稱「王」，在形式上低中國一等。清朝在甲午戰爭中失利，失去了在朝鮮王半島的影響力。隨著情勢演變，朝鮮王朝改名為「帝國」，宣示獨立。

一九〇四年　日本與俄國為了爭奪朝鮮半島的利益，發動日俄戰爭。

一九〇五年　日本戰勝，奪下大韓帝國的外交權，設置統監府干涉內政。

一九〇七年　高宗派遣密使參加在荷蘭海牙舉行的萬國和平會議，向國際社會控訴日本干政種種行為。此舉最後失敗，高宗退位。純宗繼位。

一九一〇年　八月二十二日，日本與大韓帝國簽訂《日韓合併條約》。設置朝鮮總督府取代統監府，朝鮮王朝滅亡。

看韓國宮廷劇十倍樂趣！

朝鮮王朝歷史解謎

朝鮮王朝の歴史はなぜこんなに面白いのか

作者——康熙奉
譯者——游韻馨
執行長——陳蕙慧
總編輯——郭昕詠
編輯——徐昉驊、陳柔君
行銷總監——李逸文
資深行銷
企劃主任——張元慧
封面設計——霧　室
封面插畫——黃正文
排版——簡單瑛設

社長——郭重興
發行人兼
出版總監——曾大福
出版者——遠足文化事業股份有限公司
地址——231 新北市新店區民權路 108-2 號 9 樓
電話——(02)2218-1417
傳真——(02)2218-0727
E-mail——service@bookrep.com.tw
郵撥帳號——19504465
客服專線——0800-221-029
Facebook——https://www.facebook.com/saikounippon/
法律顧問——華洋法律事務所 蘇文生律師
印製——呈靖彩藝有限公司

初版一刷 2019 年 1 月
Printed in Taiwan

國家圖書館出版品預行編目 (CIP) 資料

看韓國宮廷劇十倍樂趣！朝鮮王朝歷史解謎 / 康熙奉著；游韻馨譯，初版，新北市：遠足文化，2019.1
譯自：朝鮮王朝の歴史はなぜこんなに面白いのか
ISBN 978-957-8630-71-0 (平裝)

1. 韓國史 2. 近世史

732.25　　107014530